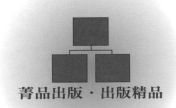

菁品出版・出版精品

菁品出版・出版精品

菁品出版・出版精品

菁品出版・出版精品

# 耐得住寂寞的人最堅強

李沐——編著

作者通過詮釋寂寞與成功、幸福、感恩、豁達、包容的內在聯繫，
激勵人心，發人自省，啟人深思，從而為生活中緊繃的心鬆綁，
品味寂寞的味道，感悟寂寞的安靜，能夠使人的精神世界更加飽滿，
靈魂得到昇華，生活更加幸福。

# Foreword 前言

　　每個人的一生中，或多或少都有過寂寞的體驗。寂寞不僅僅是孤獨、苦澀、悵惘和傷感，它也會是一種智慧、力量、寧靜、悠遠、美麗和灑脫。

　　一把堅實的大鎖掛在大門上。一隻小狗銜來了一根木棍，費了九牛二虎之力，也無法將鎖打開。一隻老虎來了，它拿了一根鐵杵，咆哮著狂叫著，還是無法將鎖撬開。

　　最後，一個名叫「寂寞」的小男孩來了，他拿了一把鑰匙。這把鑰匙沒有木棍粗，沒有鐵杵堅硬，但是瘦小的身子鑽進鎖孔輕輕一轉，大鎖就「啪」的一聲打開了。

　　老虎和小狗奇怪地問：「為什麼我們費了那麼大的力氣也打不開，而你卻能輕而易舉地就把它打開了呢？」

　　小男孩說：「因為鑰匙最瞭解鎖的心呀！」

　　每個人的心，其實就像上了鎖的大門，任你用再粗的木棍、再堅硬的鐵杵也撬不開，唯有一個冷靜寂寞的心，才能正視自己的情感，瞭解真實的自己。

　　寂寞是一種智慧，能夠幫助渴望成功的人們成就輝煌。李白說：「古來聖賢皆寂寞。」寂寞的人未必都能取得輝煌，但有輝煌成就的人一定能經得起磨難、耐得住寂寞。任何一個有

輝煌成就的人，路途上皆由寂寞作伴。

　　寂寞是一種力量，能夠使人遠離塵囂，在精神解脫中獲得力量。有人曾說過：如果一個人能夠沉浸在寂寞之中，那麼他便擁有了無窮的力量。事實上，社交圈內不會產生科學家，麻將桌旁成就不了大文豪，噪雜環境中出不了高人一等的優秀者。古今中外，大凡真正鑽研學問的人，很少有難耐寂寞的。

　　寂寞，其實就是生命中的「留白」。在人的一生中，我們常常為了無法迴避的各種責任而奔走勞碌。在這被瓜分得支離破碎的生命中，能為心靈開啟一片靜地的，只有寂寞。

　　寂寞猶如一輪柔和寧靜的明月。如此觀之，忍受寂寞並不困難，寂寞中有美麗，寂寞中有幸福，寂寞中有甜蜜。品味寂寞的味道，感悟寂寞的安靜，能夠使人的精神世界更加飽滿，靈魂得到昇華，生活更加幸福。

　　本書通過詮釋寂寞與成功、幸福、感恩、豁達、包容的內在聯繫，激勵人心，發人自省，啟人深思，從而為生活中緊繃的心鬆綁。也許書中的答案不一定正是你要找的，但相信書中的這些小故事，一定能溫暖你的心靈，書中的大道理，也一定會為你打開一扇光明的門，讓你進入一個豁然開朗的世界。

# Contents 目次

## Chapter 1　因為寂寞，所以成功

李白說：「古來聖賢皆寂寞，唯有飲者留其名。」在當今浮躁、功利的社會裏，只有守住屬於自己的心靈家園，耐得住清貧與寂寞，並經過努力，最後才能贏得人生的輝煌。

## Chapter 2　學會寬容，享受寂寞

會犯錯誤的是人，能寬容的是神。寬容對自己是幸福，對他人是胸襟。寬容的人是快樂的，不管是在繁華熱鬧處，還是清靜寂寞間。

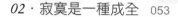

## Chapter 3　克己是智，量大是福

寬容加上克制，人就有了耐心，而只有有耐心的人才會享受寂寞。
這也是一種智慧。

## Chapter 4 且容且忍，能得能到

詩人彼普說：「要想得，首先要有忍受失去的氣度。」能忍人所不能忍，方可為人之不能為。所以只有忍得了常人忍不了的寂寞，才能在寂寞裏得到自己想要的東西。

# Chapter 5　心遠地自偏，寂寞自豁達

豁達是一種大度，一種胸襟。豁達的人往往有著寬廣的胸懷，有著海納百川的氣勢，不會為小事斤斤計較，更不會為個人的得失而鬱鬱寡歡。寂寞是最好的試金石，如果我們在寂寞的時候，仍能保持一顆快樂的心，便進入了灑脫豁達的境界。

# Chapter 6　幸福，和寂寞有關

寂寞本不分善惡，它可以是一種無奈，更可以是一種幸福的體驗。有一種幸福是寂寞，在寂寞的海洋中，我們能夠深刻地思考，感悟人生的真諦，從而感受屬於自己的幸福。

## Chapter 7 包容寂寞，感恩生活

人生在世，常常因為忍不了打擊和重負而失去所有，變得寂寞。其實，失去往往意味著會得到更多。所以我們要學會感恩，感謝寂寞讓我們有了更大的空間去得到。

# Chapter *8* 孤獨使人成長，寂寞使人堅強

一個耐不住寂寞的人是難以造就自己，完善自己，讓自己成才有仁的。只有寂寞才能造就堅強；同樣，只有堅強的人才能拿寂寞來品味享受。

# Chapter 1

## 因為寂寞，所以成功

李白說：「古來聖賢皆寂寞，唯有飲者留其名。」
在當今浮躁、功利的社會裏，只有守住屬於自己的
心靈家園，耐得住清貧與寂寞，並經過努力，最後
才能贏得人生的輝煌。

# 01 寂寞與成功有約

當你最寂寞的時候，就是離成功不遠的時候，

如果你遇到寂寞就後退，

那就等於成功已到彼岸，它也會與你無緣。

人生在世，寂寞如影隨形，無處不在，如同前世便和寂寞有約似的。我們常常害怕寂寞，卻又離不開寂寞，特別是有追求、有思想、有抱負的年輕人，想要成功，必會經歷一番寂寞的洗禮。

那麼寂寞真的有那麼可怕嗎？我想不是的。因為寂寞不但和我們有約，還和成功有約，不然為什麼經歷了寂寞後，會獲得成功呢？

久保是我的幼時夥伴。上小學時候的他很開朗，有領袖之風，每天後面總跟著一群追隨者。上高中後，他變得沉默寡言、特立獨行，冷傲得就像座冰山。後來聽說他父母因為天天吵架離婚了，他判給了母親。從此他自暴自棄，天天活在一個人的世界裏，學習成績一落千丈，最後因為打架被學校開除。有朋友看不下去勸他幾句，他不但不領情，反而出言譏諷，說大家都在看他的笑話。

有一天，任何人都不理的久保卻突然出現在我的面前。他一臉疲憊，要我和他一起去醫院看他媽媽。他告訴我，父母離

異後，他的媽媽身體就一直不好，前段時間病情加重住進了醫院。昨天晚上，他收到了醫院給他的病危通知書。他不敢一個人去醫院，他受不了離開爸爸又失去媽媽的痛苦，便來找我和他一起去。

久保來到醫院後，坐在他媽媽身邊，絮絮叨叨地說了很多話。他說他很寂寞，可是他好怕寂寞，不知道該怎麼辦？他反覆地說，直到他媽媽睜開了眼睛。突然間，他媽媽笑了，然後虛弱地說：「孩子，不要害怕寂寞。媽媽告訴你，其實寂寞和成功有個約定。只要你能夠在寂寞的時候努力學習、努力工作，你就一定能夠成功……」說完這些，便離開了人世。

失去了母親的久保一滴淚也沒掉，安葬了母親後便去了南部。十多年來，他仍寂寞地生活著，白天辛勤工作，晚上努力學習，投資房地產，獨自創業，真真正正地成了一名成功人士。

說起成功的感受，他感慨地說：「這得感謝我母親，是她讓我圓了寂寞與成功的約定。」

可見，寂寞對於成功來說，是必不可少的經歷。寂寞不但不可怕，反而是一種期待。

寂寞的人不一定能夠獲得成功，但所有的成功必須經歷寂寞的努力過程，就像人與人之間的約定一樣。也許你會說，人與人之間的約定怎麼能與成功相比呢？一個簡單，一個複雜；一個容易，一個困難。其實不然，人與人之間的約定，看似簡單，卻也被時間、地點、人物、事件所限制。從寂寞到成功，需要的只是冷靜的思維和努力的行動。道理是相同的，只不過

是過程不同而已。

　　諸葛亮五十四歲時，寫給他八歲兒子諸葛瞻的《誡子書》中說道：「非淡泊無以明志，非寧靜無以致遠。」從這句話中，我們可以體會到，沒有寂寞，就不會成功。因為寂寞最適於反思，也最適於工作。所以寂寞的時候，我們要學會自己傾聽自己，細細品味，好好把握，也許這正是成功的契機。只有抓住了成功的契機，才會有成功的可能。

　　古之聖賢，正是正確地把握了這個契機，才得以留名青史，如韓非子的寂寞，造就了《說難》、《孤憤》；司馬遷的寂寞，成就了「史家之絕唱」的《史記》；陳景潤的寂寞，攻破了哥德巴赫猜想的堡壘；艾米莉‧狄金森的寂寞，創作了無數不朽的詩篇。

　　當然，一個人一生中的際遇截然不同，面對的寂寞也截然不同。但是只要你不怕寂寞，把寂寞當作是與成功的約定，不斷充實、完善自己，便能在際遇向你招手的時候，很好地把握並獲得成功。假如你現在的工作、生活正處在寂寞當中，請不要放棄自己，也不要怨天尤人，要想想這些古之聖賢們是如何面對寂寞的，然後抬起頭來，以踏實、厚重、沉思的姿態，努力地朝著與成功有約的方向前進。

### 昇華寂寞

　　「寂寞與成功有約」，其實是說我們能夠通過寂寞獲得成功。因為寂寞能夠使我們的頭腦保持清醒，從而更好地認識事物的本質，看清萬物的變化。所以我們要耐得住寂寞，學會從寂寞裏找到人生目標，並且努力地去完成它，直到與成功相約。

## 02 寂寞是一種力量

寂寞是一種力量。
人經得起寂寞，就能獲得自由；
耐不住寂寞，就會受人宰割。

一天，鄰居抱著兩盆梔子樹從外邊回來。走到大門口時，他對社區的管理員說：「您看這兩盆梔子長得多好，好多花朵，過兩天請你來我家看花。」

一個月過去了，管理員問鄰居梔子花開了沒有。鄰居沮喪地搖了搖頭說：「不但沒開花，連樹都死了。現在家裏只剩下空盆了，虧我還天天給它修枝剪葉澆水呢。」

「那我請你看花吧！」說著，管理員指了指大門口外石縫裏開得正豔的小白花。這些不知名的小花，好像是星星草，寂靜地待在無人的角落，盡情地揮灑著芬芳，讓人心中一動。

在我們的生活中，常常會遇到家花不如野花好養的感慨。這是為什麼呢？試想，家花有人精心照顧，仍活得不盡人意；野花飽受風吹雨打，卻週而復始，遇春盛開。到底是誰給予了野花這麼大的力量呢？細想家花與野花的區別，我才明白，是寂寞，是寂寞給了野花獨芳吐豔的力量。

人生在世，常常因為小小的進步、小小的收穫而滿足。這雖然能讓人得到短暫的快樂，卻讓人止步不前，得不到大進

步、大成長。而處在寂寞世界裏的人們，卻能從寂靜的廣闊空間裏吸取巨大的能量，從而達到人生的輝煌。

寂寞是一種力量，而且無比強大。事業有成者的秘密有許多，生活悠閒者的訣竅有許多，他們共同的特點卻只有一個，那就是耐得住寂寞。誰能耐得住寂寞，誰就能從寂寞裏獲得巨大的力量，就像《老人與海》中的老人，他雖然在前八十四天中沒有捉到一條魚，但他仍堅持著自己認定的那條路，獨自一個人出海捕魚，最終捕獲了「一條不止一千五百磅重的大馬哈魚」，雖然在返航的途中，這條大馬哈魚被鯊魚吃光了，但那條魚骨頭，仍證明了老人在捕魚過程中煥發的巨大力量。

像這位老人一樣，賦予老人勇敢形象的歐尼斯特・海明威也是寂寞的。他飽受戰亂給他帶來的寂寞，卻在寂寞中保持精神上的獨處，從而創作了《老人與海》、《吉力馬札羅的雪》等一部又一部不朽的文學作品，並因為《老人與海》成為諾貝爾獎得主。

柳鳴九先生在《海明威全傳》中說過這樣一句話：「諾貝爾獎獲得者，就是西緒福斯式的巨人，他們的人生是充實的、不朽的。」的確，海明威的人生是充實的、不朽的。但我始終認為海明威的不朽來自於他寂寞的人生之旅。不然為什麼他的性格愛好是寂寞孤獨的；情人雖然眾多，愛情仍是寂寞孤獨的；甚至觀察海明威的一生軌跡，感受他的作品，無不給人一種濃郁的孤寂感。但是這種孤寂之路卻是他自己選的，這是條通向成功的路。

利用寂寞的力量成為不朽傳奇的，不僅是海明威，還有很

多：梵谷用他的寂寞，創作了名畫《星月夜》，帶給人無限的想像空間；貝多芬在失聰之後，創作了《命運交響曲》，聽者無不感受其噴發的力量……就像「哪裡有壓迫，哪裡就有反抗」那樣，寂寞真是命運捉弄人的最好工具，它一方面用冷漠和疾病禁錮人的靈魂，一方面又給予人們無窮的力量，讓人奮力衝破重重阻礙，創造出震撼人心的成就。

那麼我們是否可以得出一個結論：誰耐得住寂寞，誰就能積蓄力量。有了這種力量，何愁做不成想做的事情。

人生不可能總是歡聲笑語，人生在世難免要面對寂寞。寂寞有時是一條波瀾不驚的小溪，甚至掀不起一個浪花，然而，它卻蘊育著可能成為飛瀑的希望，滲透著奔向大海的理想；寂寞有時是一朵飄在藍天的雲朵，可能散漫得只供人欣賞，然而它卻積蓄著可能成為烏雲風暴的力量，隱藏著變成傾盆大雨、冰雹湧向大地的可能。所以當你被寂寞的網纏住的時候，請不要抱怨！忍受寂寞，堅持夢想，永遠拼搏。也許當你走過這一段，回頭遙望，你會發現，原來寂寞是一陣催開幽谷花朵的清風。

## 昇華寂寞

寂寞像是岩壁裏的一朵小花，蘊藏著開山劈石的力量。就看我們是否撒下希望的種子，是否有戰勝寒風冷雨的信心。如果這都不算什麼，那麼你便擁有了戰勝一切的力量。從此不管被放逐天涯海角，還是忍受苦難屈辱，寂寞都將成為你成功路上的笑話。

# 03 寂寞地等待成功

等待，不是被動，更不是停滯。
等待是一種態勢，是一種態度，
是一種在等待中的加緊運作，
一種在等待中的積蓄力量和厚積薄發。

有人這樣說過：「等待，不是被動，更不是停滯。等待是一種態勢，是一種態度，是一種在等待中的加緊運作，一種在等待中的積蓄力量和厚積薄發。」這句話說得多麼富有哲理呀，我們很多人都在苦苦追尋成功的真諦，但就是找不到。不，不是找不到，而是等不到。因為我們害怕等待帶來的孤獨與寂寞，因此與成功無緣。試想，不願意付出辛苦的等待，又怎麼能夠成功呢？

朋友從市面上買回一盆盛開的鮮花，雖然經過精心的呵護，花還是很快地枯萎。朋友百思不得其解。

一日，他向行家諮詢。行家說：「這些盆花上市前經過臨時裝盆，根系受到損傷，供應機體養料的能力極弱。再加上開花的時候需要消耗大量養料，所以這些花在無法適應新環境的前提下，衰竭而亡。如果你想養活它，就要掐掉那些美麗的花朵，集中養料去養根。這樣，你雖然錯過一季的花期，卻能等待來年，更好地欣賞那些豔麗的花朵。」

是啊，每個人每天都在等待，等車、等人、等成功……等待的過程是寂寞的，等待的過程中又有很多誘惑，例如金錢、美女、權勢、享樂等等。一旦我們抵制不了誘惑，就會陷入困境或不利的局面，與我們所等待的車、人、成功……擦肩而過。

一位幼稚園老師做過一個小測試。早上孩子們到班上的時候，她給每個孩子發一個蘋果，告訴他們，蘋果要放到中午吃飯前才能吃。發過蘋果後，半天的課程就開始了，唱歌、遊戲、做勞作……

中午吃飯的時候，這位教師檢查孩子們的蘋果，發現只有三個孩子還好好地放著那個蘋果，其他孩子全經不起誘惑吃掉了。

三十五年後，這位教師又把那個班的孩子們召集在一起，結果發現，那三個沒吃蘋果的孩子成就最大，一個成了擁有千萬資產的老闆，一個做了高官，一個拿到了博士學位成了教授。

所以想要成就一番事業，就不能為眼前的蠅頭小利而動，要耐得住寂寞，經得起誘惑，用堅韌的毅力克制慾望。像這位老師測試孩子一樣，一家企業在招聘員工中也採用了這種等待的方式。

那是一家資產上百億的企業，招聘啟事公佈後，上百人前來應徵，而公司的招收名額不到十名。

公開招聘是在早上八點，設在一個大會議室裏。公司將應徵者的名單分別貼在會議室的椅子上，讓他們對名字入座，在

自己的座位上靜靜地等待。可是一個小時過去了，不見公司派人來招聘；兩個小時過去了，還是沒有人來……本來經過用心準備的這些應徵者們便堅持不住了，有的開始大聲喧嘩，有的開始頻繁走動，整個會議室由安靜變得嘈雜起來。

中午過後，大多數應徵者都堅持不住，紛紛離開了。他們心想：「整個上午都沒人來，中午肯定也不會有人，總不能讓我們空著肚子等吧。」沒過多久，會議室裏便只剩下五個人。這五個人除了中間去過廁所外，一直坐在自己的座位上，要嘛深思、要嘛看書……他們的與眾不同，顯得很是孤寂。

可是就在這個時候，公司的招聘者來了，將剩餘的五個人全部錄用。招聘者說：「耐得住寂寞靜心等待的人，最善於思考，最能獲得成功。所以公司採用這種方法招聘。」

其實在人生的道路上，充滿了各種各樣的誘惑，就像魔鬼擺放在路邊的華麗盒子，裏面有美酒、金錢、憤怒、仇恨……假如你忍受不了寂寞，便會鑽進魔鬼的盒子，成為魔鬼的俘虜。而只有善於對待寂寞、懂得等待的人，才能慧眼視「盒」，看清楚哪裡是盒，哪裡是路，順利地到達成功的彼岸。

但是好多人害怕這種等待，覺得等待太寂寞，就像將自己關進一個密室當中，找不到出路。外面陽光明媚，室內卻是漆黑一片；外面的生活充實快樂，室內卻孤單寂寞。他們想找到一個工具離開這個密室，不想再等待下去。其實他們不明白，處在密室的他們是幸福的。因為外面的世界不單只有陽光和快樂，還有傷害和罪惡。密室只是一個屏障，擋住了所有傷害，

卻沒有擋住快樂。只要能在寂寞裏耐心等待，打開心靈的桎梏，便能得到永久的快樂，甚至找到成功的捷徑。

也許你會問：怎樣辨別等待的對錯呢？如果等待的結果是錯的，豈不是浪費時間？的確，等待需要辨別，特別是對於創業者來說，等待的路上有著太多誘惑，不然，為什麼會有那麼多人創業失敗呢？

所以等待需要眼光，更需要勇氣。在我們對自己選擇行業的理解和經驗不足的時候，要選擇投資小的行業，穩中求發展；別急著賺錢，要耐住寂寞，認真做事；要學會理性思考，學習他人的經驗，領悟成功的道理。也許在做這些的時候，你是寂寞的，不被他人所理解，甚至被他人排斥，但是等待是一種磨礪，它能讓上古的樹木變成煤炭，能讓滄海變成了桑田，勇敢地去面對吧，相信一切都不再是難事。

### 昇華寂寞

等一等，是一種智慧，一種積聚，一種孕育。沒有人一開始就會成功，而靜心等待就是成功最好的方法。我們要學會等待，厚積薄發，一有機會便乘雲直上。因為時光的魔力比古希臘大力士赫拉克勒斯的力量還大，不動聲色地慢慢等待吧！

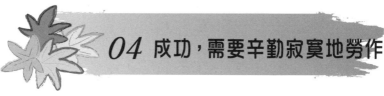

# 04 成功，需要辛勤寂寞地勞作

毫無疑問，

每一顆年輕的心都跳動著走向成功的希望。

然而，成功不是天上掉下來的禮物，

它不僅靠辛勤耕耘，

而且還會經歷一番寂寞而又艱辛的勞作。

常常聽到有人抱怨：我工作很勤奮，為什麼卻總得不到賞識呢？我已經很勤奮了，為什麼還不成功呢？為什麼有些人坐著不動、打打電話就能當主管呢？

對於這些抱怨，我們這樣回答，勤奮是一個人成功的必要條件，任何時候勤勞都是必要的。但是勤奮卻不是取得成功的唯一條件。因為一個人再勤奮，也包攬不了所有的工作。成功，還得經受住寂寞的「思考」，思考如何讓自己獲得成功。

一位下屬在喝醉的時候曾經這樣自嘲地對老闆說：「講到勤奮，你不如我；論成功，我根本不敢和你比！這是為什麼呢？」

老闆聽了，回答說：「我的成功也是靠勤奮得來的。多年以前，我給別人打工時，比你們現在還要勤奮、刻苦。可是並不是每個勤奮的人都能夠發財的。」

下屬驚奇地問：「發財不靠勤奮，那靠什麼呢？」

老闆指了指自己的頭，笑了笑說：「開動你的腦筋。在我沒有成功之前，動腦思考如何讓自己成功；成功之後，思考如何提供更多的機會讓大家勤奮工作。」

下屬與老闆的談話驗證了一個道理：成功，不單單依靠勤奮，還需要善於思考。而這個思考的過程，比勤奮更加辛苦，這就是寂寞。

走在大街上，我們隨處都能看到勤奮的人。他們或疾步奔向工作崗位，或辛勤勞作在工地上……但這些勤奮的人群中，大多數人與成功無緣，只有少數人才會成功。這些少數人拒絕了大多數人帶來的誘惑，不隨波逐流，不為吃喝玩樂所動，時時刻刻都在思考如何讓自己獲得成功。在大多數人看來，他們特立獨行、孤獨寂寞。但是正是孤獨寂寞的他們，獲得了最終的成功。

大軍便是人群中的少數人。在畢業十年後的一次同學聚會上，大軍成了大家的注目焦點。一直沒有消息的他看起來意氣風發，舉手投足間透著成功後的自信與喜悅。

輪流發言時，大家紛紛要求大軍講講自己成功的秘訣。大軍微笑著說：「這十年來，我可是飽受了寂寞的煎熬呀。」

原來大軍畢業後開了家裝修公司，自己當了一名設計師。設計師這個職業綜合性強，設計師不但樣樣都得懂，還要獲得顧客的肯定，這個過程是很痛苦的，可以說是「黎明前最黑暗的時刻」。當然，想要見到光明，就一定要耐得住黑暗帶來的寂寞。大軍在公司營運後，很想就此開始為客戶設計房屋。可是整整半年都沒有什麼客戶。和他同時起步的好幾家裝修公司

都轉行了，他卻堅信，只要不把設計當成賺錢的工具去做，自己零收入五年，辛勤寂寞地勞作，總會成功的。

為此，他拒絕了所有的玩樂，每天除了博覽大量書籍外，就是鑽研房屋設計。半年後，終於接到了一位客戶。他用最好的設計、最優的服務和最低的價格，為這家客戶裝修，贏得了客戶的肯定。整整五年，他都是這樣走過來的。五年後，他的名聲在裝修界評價最高，客戶也源源不斷。

聽完大軍的敘述，大家頓時沉默了。是啊，如果不是辛勤地學習，寂寞地等待，大軍怎麼能夠成功呢？

毫無疑問，每一顆年輕的心都跳動著走向成功的希望。然而，成功不是天上掉下來的禮物，得經歷一番寂寞而又艱辛的勞作才能獲得。所以說，成功是勤奮與寂寞的結合體、代名詞，只有經受住辛勤勞作和寂寞的洗禮，我們才會獲得成功。

親愛的朋友們，或許你此刻就在人群中，嚮往著成功，辛勤地工作著；或許你正忍受著寂寞，被大多數人稱為「怪人」。請你不要害怕辛苦和寂寞，要堅信你的辛勤沒有錯，堅信你的「古怪」沒有錯，堅信通過自己辛勤寂寞的勞作，目標一定能夠實現。

### 昇華寂寞

辛勤是一個人必須具備的優秀品質，寂寞是對心靈的磨礪與鍛造，只有具備優秀品質且經歷磨礪與鍛造的人，才是人上人。所以嚮往成功的人們要謹記：埋頭苦幹是根本，寂寞思考是智慧。想要成功，必須多動腦子，付出辛勤的勞動，學會寂寞地思考。

# *05* 嚼得菜根，百事可成

> 棲守道德者，寂寞一時；依阿權勢者，
> 淒涼萬古。達人觀物外之物，思身後之身，
> 寧受一時之寂寞，毋取萬古之淒涼。
>
> ——《菜根譚》

「菜根」兩字，來自於明代隱士洪應明著的一部書《菜根譚》。此書被日本現代商人奉為「為人處世的法寶，聚才治家的妙術與秘訣」。

也許你會問：菜根有什麼好嚼的？又苦又澀。如果你真能這樣問，就說明你已經掌握了菜根的精髓。的確，菜根是又苦又澀。這苦，就如同艱辛與奮鬥的人生；這澀，就如同奮鬥過程中所忍受的冷落與寂寞。所以我說，能嚼得了菜根的人，就是能夠承受艱難困苦、成就大事的人。

紫君一直是學校裏的佼佼者，雖然是女孩，但她聰明漂亮、大膽自信，學生會主席的頭銜從大一起戴在她的頭上後，一直到畢業才摘下。

大學畢業後，紫君放棄家人為她找好的工作，躊躇滿志地來到南部謀發展。她想，憑著自己的管理才能，一定能在大公司當上白領。可是一連十多次，她頻頻碰壁。不是她嫌公司給的待遇低，就是公司嫌她沒有工作經驗。

找不到工作的紫君既失望又傷心，無奈之下，她只好從最基層的業務員做起。在做業務的過程中，每天都得四處跑。不到一個月，南部火辣辣的太陽便將她曬成了「黑人」。這還不算，她還得常常看人家的臉色行事，一不小心就會丟了業務。但所有這些她都咬牙堅持，最終憑著自己的毅力，成了公司最好的業務員。

有人問紫君：「你這是何苦呢，家人給你找的工作多輕鬆，你幹嘛非得到這人生地不熟的地方受罪呢？」

對此，紫君回答：「吃得苦中苦，方為人上人。我想要成功，當然得吃苦了。」

紫君說得很對，要想獲得任何成就都有一個過程。這個過程裏佈滿了荊棘，不會有人幫助砍伐，所以擋住了很多人。只有少數人隻身前進，嘗遍了荊棘帶來的苦辣酸甜，才擁有了成功的喜悅。

我們個個都羨慕的香港首富李嘉誠，也是在嚼了一番「菜根」後才取得成功。

李嘉誠幼年喪父，十四歲便輟學在家，扛起了家庭的重擔。他好不容易在一間茶樓找到一個服務生的工作。每天清晨五點左右，他就必須提起精神從溫暖的被窩中爬起，然後趕到茶樓準備茶水及茶點。他每天的工作時間都長達十五個小時以上，更別說像其他同齡人那樣輕鬆上學、玩樂了。

曾有人問李嘉誠的成功秘訣。李嘉誠講了「推銷之神」原一平的推銷秘訣：走的路比別人多，跑得比別人勤，腳底的老繭比別人厚而已。李嘉誠講的這個故事，給我們這樣的啟示：

人生中任何一種成功都不是唾手可得的，吃不了「菜根」，是不可能獲得成功的。

《菜根譚》裏的一句格言講得好：「棲守道德者，寂寞一時；依阿權勢者，淒涼萬古。達人觀物外之物，思身後之身，寧受一時之寂寞，毋取萬古之淒涼。」這句格言不但能給那些為追求金錢不擇手段的人警示，還給渴望成功的人們指出了一條明路。它的意思是說：「一個堅守道德規範的人，雖然有時會忍受暫時的寂寞，可是那些依附權勢的人，卻會遭受永久的淒涼。大凡一個胸襟開闊的聰明人，能放開身外之物的人，他們寧願忍受一時的冷落，也不願遭受永久的淒涼。」追求成功的道路上，一定會有無數的冷落和寂寞，但是只要我們能拋開享樂的慾望，把寂寞與困苦當作菜根一樣耐心地嚼，就一定能夠從中汲取營養。

### 昇華寂寞

「嚼菜根」是一種美德，就好像一個人沒有吃過苦，就不能來到世上一樣。有「菜根」可吃的人是幸運的，這說明他找到了獲得成功的途徑。有了成功的途徑，再加上聰明、機遇，便走向了成功。所以說，這「菜根」越嚼越光榮，不嚼「菜根」就成不了大氣候，不嚼「菜根」，便不能成功。

# 06 成功是「熬」出來的

成功，與其說是做出來的，
不如說是「熬」出來的。

「熬」，在字典中可解釋為久煮、忍受，可組詞為「熬湯」、「熬藥」。其實人生本身就是一種「熬」，煎藥一般的「熬」，煲湯似的「熬」。「熬」，不但是一個美妙的景象，更是一個美好的修煉過程。也正是這種「熬」的力量，顯現出人性的高貴與光輝。

成功的秘訣千千萬，有的人依賴背景，有的人憑靠天賦，有的人藉助機遇……而大多數人卻憑著一種「熬」的韌性，獲得了人人羨慕的成功。

二〇〇八年，有部僅長十六分十二秒的動畫短片《打，打個大西瓜》曾經紅遍大陸網路，不僅在網路上創造了好幾千萬的點擊率，更被網友們冠以「華人最牛原創動畫短片」的稱號。

短片中，講述了兩個霸主為了爭奪土地而展開了世界大戰的故事。短片中最精彩的就是兩個人物，他們抓魚的動作細節堪稱經典。片中的很多飛機採用撲克牌代替，既有寓意，又有創新。

讓人難以想像的是，這部短片的作者是一位年僅二十八歲

的年輕人楊宇，製作時間持續了三年多，也就是說短片每秒鐘耗時二十七小時左右。三年多來，他每天活動在客廳、臥室、廁所的三點一線間。為了能把更多的時間留給創作，他甚至把自己的電腦斷了網路，連上網都選擇去網咖。

對楊宇的創作精神，別的動畫師這樣評價他：「像楊宇那樣熬得住寂寞的創業，是非常難得的。」是啊，瞭解了楊宇的創作經過後，我們都會由衷地感歎：楊宇的動畫，是用寂寞「熬」出來的。沒有楊宇這種寂寞的煎熬，我們就見不到這麼有創意的短片。

人的一生是漫長的，片刻的輝煌太誘人，眼前的好處也太多，我們一不小心就會偏離自己的軌道，被其他人或事引誘，最終導致失敗。就像龜兔賽跑裏的那隻兔子一樣，雖然擁有一切有利條件，但是卻受不了驕傲的誘惑，以失敗告終；而烏龜卻正好相反，烏龜雖然跑不快，但卻能「熬」得住，最終獲得了勝利，使兔子成了千古笑談。

另外，還有一些人做事總是三分鐘熱度，容易虎頭蛇尾。有些聰明人做事也很有意思，他們擅長算計，喜歡博弈，不太願意堅守。這些人註定經歷不了寂寞的煎熬，獲得成功的可能性也微乎其微。

曾聽人說過，偏執狂才能成功。其實這種偏執指的是鑽牛角尖和善於「熬」。這種說法聽起來雖然有些偏執，但也不無道理。在充滿各種誘惑的當下，人變得越來越浮躁，越來越不能執著於一件事情，而那些堅守、執著、認真的人，卻成了他們眼中的偏執狂。

然而只有真正偏執過的人才會體會到：成功真是熬出來的。這種「熬」，是磨煉心性、聚精會神做一件事的過程和態度。

石悅便是偏執者的代表。他寫的《明朝那些事兒》一書，對大多數人來說一點都不陌生。

有媒體記者向石悅討取成功經驗，他調侃地說道：「比我有才華的人，沒有我努力；比我努力的人，沒有我有才華；既比我有才華又比我努力的人，沒有我能熬！」

石悅說的是事實，從小學到大學，他都一直被老師、同學甚至父母，視為資質平庸的男孩，唯一與眾不同的就是他對歷史的癡迷。小時候，別的男孩整天拿著變形金剛玩，他卻獨自抱著《上下五千年》啃讀；上班後，當同事一張報紙一杯茶消磨時光時，他卻躲在史書中與各朝各代的歷史人物為伴。這讓他成了眾人眼中的另類。直到一本名叫《明朝那些事兒》的歷史小說在網路上風起雲湧時，這個平時毫不起眼、另類木訥的年輕人才成了名人。

曾任越南國防部長的武元甲，在談起越南戰爭時曾經說過，與美國對抗只有一個字：「熬」，熬住就是勝利。這一個字的確道出了真諦，美國那麼強大，和它對抗當然不容易，但只要「熬」住，最後的贏家便是越南。

詩人里爾克有一句說得和這差不多的話：「挺住就是一切。」其實這句話也可以翻譯成「熬住就是一切」。人的一生，就像是一場馬拉松比賽，以生命為長度，從出生起便開始起跑，一直「熬」到生命的盡頭。在這場比賽裏，誰都有中途

退場的權利，但只要選擇參加，就不能不「熬」住。因為只有「熬」到了盡頭，才能為生命劃上圓滿的句點。

 昇華寂寞

　　一位作家說：「其實人與人都很相似，不同就那麼一點點。」這一點點，在相當程度上就是一種「熬」的能力。所謂「熬」，就是對於自己所做的事情不輕易放棄，不隨便離開自己的位置，就在那裏一步步地努力。寂寞是考驗一個人能否取得成功的試金石。一個「熬」得住寂寞的人，就能抵得住各種誘惑。這樣的人不僅能夠贏得事業的成功，也會成為生活的強者。

## 07 守得雲開見月明

寂寞的堅守，是靈魂不滅的力證。
守得住，才能撥雲見日出；
守得住，才能變為不朽。
——《心靈雞湯》

　　「誰無暴風勁雨時，守得雲開見月明。」這句話是《水滸傳》中的一句名言。這句話告訴我們，不論做什麼事情，不論遇到什麼困難，只要我們認準了目標，認清了方向，就要堅持到底，儘管會有烏雲密佈，儘管會有電閃雷鳴，但是風雨總會

過去，困難總會解決，總會有風停霧散、撥雲見日的一天。

很久沒和一位好朋友聯繫了，最近給她打了個電話，聽她說在陪兒子參加高中考試，一種欣喜不由地從心底傳來。

我的這個朋友是某報社的編輯，一直在為家庭、事業奔波不休。本來陪兒子參加考試也不是什麼稀罕事，不過我的這位朋友情況很特殊：由於難產，她的兒子生下來便與其他正常的孩子不同。別的孩子學走路的時候，她的兒子還不會坐呢；別的孩子會喊爸爸、媽媽的時候，她的兒子卻只能對著她傻笑、流口水。與同齡孩子相比，她的兒子好像什麼都慢半拍。

為此，好朋友沒少付出。除了每年都要帶兒子外出求醫外，工作之餘的時間全部給了兒子。為了讓兒子像其他孩子一樣學知識，她常常指著課本一字一句反覆地教兒子讀，手把手一撇一劃地教兒子寫……就這樣，在她的努力下，兒子和同齡孩子一起，走出了幼稚園，從小學一年級上到了六年級。現在，她的兒子雖然不如其他同齡孩子聰明，但總算能憑著自己的努力參加高中考試了，這消息怎能不讓人高興。

其實我曾經非常擔心她有一天會崩潰。看著她陪著兒子一步步走到今天，真是應了那句古話：守得雲開見月明。老天有眼，她堅持不懈的付出，終於得到了豐厚的回報。

人的一生中，總會有許多理想和目標。上學的時候，我們希望考個好成績，上個好學校；工作的時候，我們希望通過努力工作，得到升遷；戀愛的時候，我們夢寐以求的是找到一個真心相愛、牽手一生的人；結婚之後，我們又將精力投入到教育子女的身上，培養好子女成了新的理想和目標。

　　可是當我們努力去實現這些理想與目標的時候，卻不是一帆風順的，總會遇到這樣或那樣的困難或阻力。特別是對處在創業階段、渴望成功的人來說，還得面對不被人理解的寂寞孤獨。面對困難與寂寞，我們最佳的選擇就是「守」，要守得住寂寞。

　　當然，這裏的「守」不是守株待兔的「守」，也不是困守的「守」，而是堅守，堅守自己的心，積蓄力量，蓄勢待發。人們都讚歎滿山遍野的鮮豔花朵，誰又明白它被冰雪亂石覆蓋時內心對陽光的渴望；人們都喜歡看燕子帶來春的消息，誰又知道它躲避寒冷時所經歷的風刀劍雨。還有蝴蝶、蟬兒，在人們欣賞它們的美麗與動人時，又是否想到它們曾經歷過自縛與黑暗帶來的長久寂寞。

　　是的，這些弱小的生命確實經歷過秋天冰霜的凍結，經歷過冬天寒風的撕咬，經歷過長久的寂寞，但待到春夏來臨時，它們總會毫不猶豫地綻放最美的生命給世人。誰說只有不斷奔跑才會看到彩虹，誰說只有一往無前才能擁有成功，有時「堅守」也是一種希望啊！

　　古人「堅守」成功的例子有很多，姜太公用直鉤釣魚，堅守著他那一份固執，等待一個可以與他共謀天下大事的人！他雖然是在寂寞中等待，但誰又能說他不是在希望中等待呢？「守得雲開見月明」，他終於成就了千古大業。

　　諸葛亮隱居山野，並不是「兩耳不聞窗外事」，從此與世隔絕，而是博覽群書，縱覽天下大事，這難道不是在為他的「春天」積聚力量嗎？當劉備「三顧茅廬」之後，他便幫劉備

打江山。諸葛亮的「隱」，難道不可以理解成一種智者的守候？他是一位有志之士，他也是一位有智之士啊！

　　從古今例子中，我們可以看出，沒有什麼事可以隨隨便便成功，不經歷風雨，怎麼能夠見得到彩虹？所以說「堅守」並不是消極地等待，而是要我們在等待中懷抱一份耐心，保持一顆恒心和決心，忍受住所有的黑暗和孤寂，不斷豐富和完善自己，不斷提升自己。只有這樣，我們才能真正地迎來心目中憧憬的美好明天，才能真正「守得雲開見月明」。

#### 昇華寂寞

　　「守得雲開見月明」是一份達觀，更是一份瀟灑；「守得雲開見月明」是一份希望，也是一次積聚。我們要握著這份希望，懷著這份夢想，忍受住所有的艱難困苦、孤獨寂寞，蹲下來好好想一想，也許你會有不一樣的收穫，也許你可以為自己安上一雙奔向月亮的翅膀。

# 08 成功之前最寂寞

黎明用黎明前的黑暗換來朝霞滿天，
我們能說黑暗是醜陋的嗎？
成功用成功前的寂寞換來了纍纍碩果，
我們能說寂寞沒有價值嗎？當然不能。
因為只有耐得住成功前的寂寞，才能昇華心靈，
才能收穫成功。

　　成功人士是受人尊敬、令人羨慕的，也是每個人都嚮往的。每個人都希望自己能夠成功，而且都在不同領域奮鬥著。然而最後的結果卻存在天壤之別。其中的原因雖然與付出多少存在一定的聯繫，但是很大程度上，卻與人們能否耐得住寂寞有關。因為成功之前最寂寞，只有耐得住成功前的寂寞，才能最終走向成功。

　　古人云：「十年面壁無人問，一舉成名天下知。」成功果實的收穫只在於一瞬間，沒有人會問你之前吃了多少苦、流了多少汗、付出了多少，這些只有你自己知道。

　　有一個朋友，初涉商海便被一家大公司錄用，成了一名業務員，這讓他高興了好長一段時間。可是來到公司後，差不多一個月時間，都沒有爭取到一張訂單。為此他告訴自己，再有半個月沒有訂單，自己就辭職。

　　半個月很快過去了，他還是沒有訂單，於是他主動找到了公司主管要求辭職。主管沒有答應他的要求，只是點出了他工作中的失誤：「每次你接到一個客戶後，總是耐不住寂寞，不厭其煩地詢問人家簽不簽訂合約，再三強調公司的產品有多麼好，豈不知，這樣急於求成的方式，只會讓人家對我們公司的產品產生懷疑。現在你改變一下工作方法，和對方洽談後靜靜地等待，半個月後再看結果。如果半個月後你還是接不到訂單，我便同意你辭職。」

　　半個月後，這個朋友果然接下了好幾筆業務訂單。

　　其實很多人都是因為忍受不了成功前的寂寞，從而與成功失之交臂。成功之前，就像是黎明前，總是最冷、最黑暗的。熬得過去，就是陽光。我們要學會對自己說，不要害怕寂寞，因為寂寞過後，就是成功，就好像花兒和珍珠。花兒因為有綻放前寂寞的生長，才換來了足以傾倒一個季節的美麗；珍珠因為蚌對它寂寞的孕育，才換來晶瑩的光澤；而成功者，則是因為熬住了成功前的寂寞，才有了人人羨慕的榮耀。

　　古今中外，有許多成功人士，都有過一段不為人知的寂寞，也只有嘗過寂寞滋味的人，才能激發自己的潛能，從而征服現實、征服自己，真正領悟成功的喜悅。

　　拿破崙是位常勝將軍，人們往往看到他少年得志時的驕傲與自信，卻鮮少有人看到他單調的生活。

　　一場戰役也許幾小時就會結束，可是準備一場戰役，卻必須經過細緻而繁重的計畫。大家可以想像一下，拿破崙需要完成多少枯燥無味的軍事計畫，閱讀多少讓人疲憊不堪的統計數

字，熬過多少默默無聞的日日夜夜，才能取得一場戰役片刻的輝煌！特別是當他帶領軍隊遠涉他鄉時，他必須忍受遠離繁華的巴黎、想念妻子時的寂寞，才能比其他人有更多的勝算。

難怪早就有人說過，想要立身做事，第一是耐得住寂寞，第二還是耐得住寂寞。想要成功，我們心中要永遠堅守著一個信念：耐得住成功前的寂寞。

成功，就好像攀登陡峭的山壁，只能一個人走完這艱難重重的崎嶇山徑，沒有人陪伴，也容不得人相隨。途中，我們必須忍受寂寞獨行的歷練和山下繁華熱鬧的誘惑，低著頭，腳踏實地地前行。只有這樣，才能到達山頂，獲得成功。

寂寞是一方淨土，它讓我們在身心俱疲的時候，得到片刻休憩；寂寞是一劑良藥，它讓我們在困難挫折面前發出這樣的呼喊：讓寂寞來得更猛烈些吧。

朋友們，不要害怕寂寞。因為只有在寂寞的時候，才能找到真正的自我，看清通向成功的道路，從而使功名利祿、名譽聲望大張旗鼓地一路趕至我們的身邊。

### 昇華寂寞

有人說：「世界上最成功的人，往往不是最有才華的人，而是最耐得住寂寞的人。」這句話說得好，每個人在收穫成功前都會經歷一段漫長的等待。在漫長的寂寞等待中，有的人充滿信心，有的人選擇退卻。選擇退卻的人，與成功無緣；充滿信心的人，終會飛黃騰達。只有經過寂寞磨礪的人，才能到達成功的彼岸。

# 09 靜靜地走向成功

一個人只有在靜默獨處中，
才容易發現和感受具有終極價值的事物，
與其一味地哀歎，不如勇敢地面對寂寞，
體會淡泊，以此來克服寂寞所帶來的心靈困擾。

一個老和尚帶著一個小和尚遠行。走到一根旗杆面前時，小和尚問：「師父，您說旗杆上是旗在動，還是風在動？」老和尚回答說：「不是風動，也不是旗動，是你的心在動。」

從兩個和尚的一問一答中，我們可以得出，在滾滾紅塵裏、橫流物慾中、功名利祿下、美色誘惑前，只要保持一個靜心，便沒有什麼可以侵擾到我們。

古往今來的智者、賢者、成大事者，無不是耐得住寂寞、安於平靜者。人貴甘於平淡，甘於寂寞，甘於靜下心去認真地對待工作。羅馬不是一天建成的，想要成功，就要靜下心來踏實工作。

人是一種容易被誘惑的動物，當今世界，慾望充斥著整個生活，擺在我們面前的有利益、有名譽、有地位，想要成功，我們必須靜悄悄地坐下來，認真地思考，仔細地思索。假如我們不能「靜」，永遠在患得患失中過日子，便根本無法樹立遠大的志向，也就談不上會成功。只有悄然自處時，才會讀懂生

活中最美的一面，才能挖掘平凡背後的美麗，才有可能在千頭萬緒中理出頭緒和思路，進而踏踏實實地做一番事業，嘗到成功的喜悅。

有人說踏實做事的人是寂寞無聲的，沒有人會注意你。但是踏實做事的人不是無形的。因為工作成績不是空中樓閣，更不是海市蜃樓，一切都建立在踏實做事的基礎之上。所以一個人想要真正取得成功，不在於鑽營投機，不在於溜鬚拍馬，而在於平心靜氣地踏實做事。

企業界有一個著名的「海豚原理」，就是紮得深，才能躍得高。古來也有關於水的「上波下靜」之說，表面上雖是波瀾起伏，但在水面下卻平靜穩固。由此我們可以想到，做事業也要紮下去、靜下來，踏踏實實地做事業，只有這樣，事業才會穩固。

人又是一種很容易自尋煩惱的動物，我們經常為將來的憂慮和過去的抱憾而徒增煩惱，而靜下心來正是醫治煩惱的良藥。靜下心來就像是一座大山，將山前山後攔腰截斷。更重要的是靜下心來，可以使我們通過沉思集中注意力，幫助自己找到靈感、找回自信。

靜下心來，有時候只需要幾分鐘。看《少年包青天》，印象最深的就是包拯的靜，坐在船上獨自垂釣靜思的包拯，是最令奸人膽寒的。因為這時的包拯會產生奇妙的預感，做出準確的判斷，就像科學家或藝術家在一瞬間找到發明創作的靈感一樣。

很多成功者都有靜思的習慣，他們有時候是通過散步，有

時候是通過飲茶、讀書，有時候則通過睡覺。我的一個文友則更有意思，她尋找靈感的方法是獨自爬山，找一片無人的綠草地，閉上眼睛，靜靜地想事情。

「靈感」是一種很嬌嫩的「尤物」，只有在進入一種寧靜的境界時才會被啟動。對那些志在成功的人來說，寧靜的時間也許是人生最重要的時間。許多人之所以會忽略心靈的聲音，注意不到自己的真實感覺，很重要的一個原因便是太過忙碌了，忙碌令大腦裏塞滿了各種各樣的瑣碎和想法，「靈感」進不去。

看了這些，我們逐漸認識到「靜」的好處了。只有「靜」下來時，才會有雲淡風清的冷靜、可觸可感的深邃、感同身受的親近，才會有新的思維出來。因此我們也有理由相信，即使是一個才華一般的人，只要他在某一段特定的時間內，靜靜地、全心地投入某一項工作，就一定會取得成功。

### 昇華寂寞

有人說：「當你非常靜的時候，人就會歸其位了，整個身心就會處於一種非常透徹的狀態，那些灰塵就自然降落下來了，能讓你看清事物的本質。」靜，是一種好習慣。當面對困難和曲折時，很容易產生畏難的心理，這就需要我們靜下來，看清事物的本真，千方百計地排除萬難、掃除所有干擾，繼而迎接豐收的喜悅。

# 10 成功的背後是寂寞

吃得苦中苦，方為人上人。
成功的背後不僅僅有比別人多倍的付出，
還有寂寞的奮鬥！耐得住寂寞，
能在寂寞中堅持奮鬥的人，
才是最後的成功者，才能不斷地創造出奇蹟。

　　成功是人人都渴望得到的，也是人人羨慕的。一般人只看見成功者威風地站在成功的高塔上，卻沒有看到他攀爬時曾經面對的單調且漫長的折磨，和對寂寞、失敗的恐慌。

　　著名物理學家愛因斯坦一生淡泊名利，「二次世界大戰」時期，他被迫逃離家園，狼狽至極。背井離鄉、飽受打擊的愛因斯坦是寂寞的、悲哀的。然而愛因斯坦來到美國後，迅速投入工作，並為世界核技術的發展做出了巨大貢獻。愛因斯坦將寂寞看得很淡，就如同他對待金錢一樣，據說他能隨意地將一張不小金額的支票當作書籤。在寂寞的世界裏，他讓自己的生活少一些煩惱，多一份恬靜，每天用一份最佳心境來做實驗。

　　成功總是與寂寞作伴。不僅愛因斯坦如此，縱觀歷史上諸多成功人士，無不是從寂寞的世界裏打開了一扇通往成功的大門。荷蘭著名的印象派畫家梵谷，曾一度被人罵作瘋子，沒有人認可他，更沒有人願意與他同行，他的畫也被視為垃圾。

後來，當印象派在歐洲興起時，人們才忽然想起了這位已故多年的寂寞者，並對他的畫給予了很高的評價。

梵谷之所以成功，基本上歸功於寂寞。在寂寞的世界裏，梵谷不得不把情懷寄託於大自然中，才得來了許多不凡的思想和創作靈感，創造了許多優秀的作品。可以說，沒有寂寞難以靜心，沒有寂寞無以感悟至深，正是寂寞造就了這位印象派大師。

有人說：「世界上最強的人，也就是最寂寞的人。」這句話說得不錯，寂寞讓人有了更多的思考空間與思考時間。寂寞的人在遭受打擊或失敗後，不得不把淚水往肚裏吞，因為沒有人聽他們訴說，沒有人走進他們的心。面對失敗與打擊，他們只能付出比常人更多的努力去爭取成功，因此成功往往鍾情於他們。

不經歷風雨，怎能見彩虹？世界上無數的偉人，他們的背後是什麼？是幸福而甜蜜的生活？不，他們就像彩虹，在被冠上「偉人」的帽子之前，他們必須經歷寂寞、挫折帶給他們的磨難。可以說，每一個偉人的成就後面都有著寂寞。

王國強，北京四達郵幣社董事長兼總經理，他被稱為大陸郵市「一號人物」。但是瞭解他的過去的人都知道，他的奮鬥歷史原來是那麼寂寞、曲折、不平凡。

他曾經失業過，用手中僅有的一萬元人民幣，在北京月壇郵市租下一間二十多平方公尺的小商店，創辦了「四達集郵服務部」。那一年，王國強三十九歲。入行後，王國強卻意識到，做郵商自己根本是個外行，什麼郵識、真偽鑑定，他一竅

不通。為了達到成功的目的，他不懂就學，常常是深夜兩三點鐘了，他還拿著放大鏡，在學習如何辨別郵票的真假。可以說，他進入郵市的前期大部分時間都是在孤獨、寂寞中度過的，但他從未放棄他的信念。

從王國強的創業歷程我們可以看出，成功者的背後往往都是深深的寂寞。經濟學上有個著名的「帕累托定律」，說的是著名的「二八法則」。意思是說，企業百分之八十的收入來源於百分之二十的客戶，全世界也只有百分之二十的人是成功者，百分之八十的人則談不上成功。因為當百分之八十的人玩樂享受時，百分之二十的人正在忍受寂寞，埋頭工作，遭受心靈的磨礪與鍛造。

朋友們，你是否越來越感到寂寞呢，如果是，請你不要哀傷，因為你已經屬於百分之二十的人，已經離成功越來越近了。只要你能在寂寞的世界裏保持一顆樂觀的心態，勇敢地去完成自己的使命，那麼你就已經踏上了成功的征程。

### 昇華寂寞

成功的背後是寂寞、拼搏、還有付出。成功的道路是用寂寞鋪成的紅地毯，正因為難以成功，人們才需要不斷地努力和追求。要想成功，就要學著習慣寂寞，用寂寞澆開世間最美的成功之花。

# Chapter 2

## 學會寬容，享受寂寞

會犯錯誤的是人，能寬容的是神。寬容對自己是幸
福，對他人是胸襟。寬容的人是快樂的，不管是在
繁華熱鬧處，還是清靜寂寞間。

# 01 不要一味盯住別人的缺點

別人的缺點，不是我們指責與幸災樂禍的對象。
呵護別人的缺點，就像呵護別人的傷口一樣，
這才是一種境界。

人與人之間是如此的不同，不同的人有自己不同的優點和缺點。而大多數人只看到別人的缺點，看不到別人的優點，甚至放大別人的缺點，盯住不放。其實這本身就是缺點。

「人非聖賢，孰能無過」，請大家一定要記住，不要一味地盯著別人的缺點不放，要讓自己擁有一雙善於發現美的眼睛，和一顆善於欣賞他人的心，多看看別人的優點。這樣我們才會走向平靜與快樂。

有這樣一個故事：有個孩子多年來一直將自己封閉在房間裏，家人多次勸他出去走走，他總是說：「外面的世界太髒，外面的人缺點太多，我不出去。」

一天，有個朋友聽說了這個孩子的事情後，來到他家問孩子：「你怎麼知道外邊的人缺點太多、沒有優點呢？」

這個孩子指著窗外的人群說：「你看，對面那個太太的衣服真髒，她一定不愛乾淨。還有，你看樓下晾曬的衣服，上面總是有斑點，他們怎麼連件衣服都洗不乾淨呢？」

這位朋友仔細看了一下，發現不是對面的衣服不乾淨，而

是男孩家的玻璃窗太髒了。於是他拿起抹布，把窗戶上的灰漬擦掉，然後問：「你再看看，外面的世界還髒嗎？」

　　其實生活中的人們大多都像這孩子一樣，總是看見別人的缺點，而發現不了自我思維裏存在的「灰漬窗戶」。就像剛學騎自行車的人那樣，哪裡有石頭，他就往哪裡騎，哪裡有水坑，他就會逕直衝過去。這是什麼道理呢？這是因為他把注意力全部集中在石頭和水坑上面了。

　　所以在我們學車的時候，教練總是反覆地強調，眼睛要向前看，不要只盯著車前的石頭，要把視野放寬，多注意前方寬敞的道路。

　　《伊索寓言》中說，當初普羅米修士奉宙斯之命造人的時候，特意在每個人的身上掛上了兩個口袋，胸前一隻口袋裝別人的缺點，背後一隻口袋裝自己的缺點。結果人們一低頭就能看見他人的不足，卻很少有人回頭找自己的毛病。就像那個孩子一樣，總是認為外面的世界太髒，卻從不看看是不是自家的窗戶太髒。

　　人生一個很大的障礙，就是過於關注別人的缺點，看不見需要發現的東西。曾經有一個朋友告訴我，他在一天之內讀完了一本書，發現了幾十個錯別字，要我別再買類似的書籍。當時我問：「書的內容怎麼樣？」朋友回答：「內容我沒太注意。」可見，朋友將他的注意力集中到了找錯別字上了，從而忽略了讀書的真正意義。

　　任何時候事情都有正反兩個方面。生活中那些真正能成大事的人，都是機會到來的時候能夠抓住，解決問題，從而達到

目標的人。而有的人看似聰明，卻一輩子一事無成，就是因為他把注意力放錯了位置，整天盯著別人的缺點錯誤不放，當機會到來的時候視而不見，即使看見了，也是抓住了問題，放棄了機會。

記得看過這樣一句話：人往往看不見離眼睛最近的地方，比如睫毛，比如自己的缺點，不是因為眼神的問題，而是心靈的問題。從這句話我們可以知道，對於自己或他人的優缺點，不在於我們能否看到，而在於我們是否願意看到。

多看看別人的優點吧。當你感到寂寞時，或許就是因為你太關注自己。寂寞，給你提供了一個看清自己和別人的機會，讓你能夠學會以欣賞者的眼光，多看到別人好的一面。

古人說得好：躬自厚而薄責於人。意思就是我們要反省自己的行為，嚴格要求自己，不要對別人太苛刻，不要只盯著別人的缺點。事事嚴格要求自己，而對別人的要求很寬鬆，就不會帶來很多怨恨。孟子曾說：要求別人很多，而自己做得甚少，就像不鋤自己田裏的草，卻跑去挑別人的田中草那樣，這種人是很討厭的。假如你能從一個人身上看到一個優點，交一百個朋友，就能學到百個優點了。

別人可能真的有這樣那樣的缺點，但是你是否就沒有呢？別人犯了錯誤你那麼不滿，難道你自己就不犯錯誤了嗎？你不原諒別人的小錯誤，當你自己犯錯的時候，又怎麼要求別人原諒你呢？因此在生活中我們一定要注意，不要使自己成為挑人毛病的人。

 **昇華寂寞**

　　沒有人十全十美，也沒有人一無是處，每個人都有值得別人學習和借鑑的地方，寂寞為我們提供了這個機會。「古為今用，洋為中用，取其精華，棄其糟粕」，就是要人們互相交往學習時，多發現別人的長處，彌補自己的短處。只有這樣，我們才能逐漸強大起來，並最終縮小與他人之間的差距。

## 02 寂寞是一種成全

*寂寞是一種成全，寂寞不一定能夠走向成功，*
*但所有的成功與幸福，都得益於寂寞的成全。*

　　寂寞總讓人聯想到悲傷、孤獨。有的人害怕寂寞，視寂寞為洪水猛獸；但有的人享受寂寞，視寂寞為停泊心靈的港灣。其實寂寞也是一種成全。選擇寂寞，不但可以成全別人，亦可以成全自己。

　　曾聽說過一個故事：故事中的他和她都是孤兒。他八歲那年父母雙亡，獨自一個人在悲傷中學會了洗衣、做飯、料理家務。雖然他做得不夠好，但依然堅持了下來。

　　十二歲那年，靠著父母留下的遺產，他升入了初中。同年，在放學回家的路上，他撿到了年僅兩歲的她。當時她躺在路邊哇哇直哭，不知是因為餓，還是因為和他一樣失去了雙

親。對於天上掉下的這個「林妹妹」，他欣喜異常。因為他終於不再孤單了。

從此，他在學著好好照顧自己的同時，還得學習如何養活這個妹妹。但是天不遂人願，妹妹的身體一直很虛弱。最後經醫生診斷，妹妹患有先天性心臟病。但他依然沒有放棄這個妹妹，而是對她呵護備至。

高中畢業後，他考進了本地的一所大學，她還不足十歲。他大學畢業後，有很多次機會可以到大城市發展，找到更適合他的工作機會，但他始終不肯，他要留下來照顧妹妹。

妹妹上高中的時候，身體更加虛弱，他索性換了一份清閒的工作，每日下班回家照顧她。她哭，他哄；她笑，他也笑。

她上大學的時候，他已而立，但依舊單身。她開始帶男朋友回家給他看，開心甜蜜的樣子。他只好交了一個女朋友，她甜甜地叫她「姐姐」。

他結婚了，生活還算幸福。然而她的病情卻突然加重，離開了人世。他傷心欲絕時，遇到了她曾帶回家的那個男孩，男孩告訴他，他們從來都不是戀人，她只說哥哥為自己犧牲得太多，要用自己的寂寞，換回哥哥的幸福生活。他細心整理她的房間時，發現了他送給她的筆記本，打開，上面只有兩個字：成全。

原來她什麼都知道。原來她用她的寂寞，成全了哥哥的幸福。

世間的愛有很多種，成全也是一種愛。假如能用自己的寂寞成全所愛的人，讓所愛的人得到幸福，我們何樂而不為呢？

更何況在成全別人的同時，有時也成全了自己。

多年不見的朋友小華，曾經告訴過我一個真實的故事：故事的女主角就是小華，她曾經是一家銷售公司的會計。在她上班的第二個星期，公司的保險箱裏便少了一萬塊錢。一萬塊錢不是小數目，而保險箱的鑰匙只有會計小華和總經理有。事情發生後，大家的矛頭一下子全對準了小華，因為小華是新人，總經理可是公司的老闆呢。

面對大家的不信任與指責，小華只好辭了職，並賠了公司一萬塊錢。此後的一段時間裏，小華情緒非常低落。她將自己徹底地封閉了起來。但是活在一個人的寂寞世界裏的小華，並不是什麼都沒做，她下定決心開家屬於自己的公司，不再為別人打工，受別人的欺負。

經過一段時間的沉澱，小華在家人的幫助下，開了一家電腦銷售公司。由於她善待員工，公司效益越來越好，公司規模越來越大。

說到這裏，小華由衷地告訴我：「真的感謝那段寂寞的日子，是寂寞成全了我的今天。」是啊，在寂寞的世界裏，我們只屬於自己。所以寂寞就像是一個遺失的沙漏，只要找到它，便能過濾掉生活中的一切雜質，還原最真實的自我。

王國維是寂寞的，一生尋尋覓覓，寂寞地走在通往真善美的道路上。「昨夜西風凋碧樹，獨上高樓，望盡天涯路。」連「天涯路」都「望盡」了，這寂寞又何時是個盡頭呢？但是正是有了這望不到盡頭的寂寞，才成全了王國維不朽的詞話。

創業的最終目的是成功，但成功也需要寂寞來成全。一個

耐得住寂寞的人，具有超凡的毅力，能夠抵得住各種誘惑。因此我們可以毫不猶豫地說：「是寂寞成全了成功。」

在生命的旅途中，我們常常會遭遇各種挫折和失敗，常常會身陷某些意料之外的困境。這時不要輕易地說自己什麼都沒有了，至少我們還有一顆正確看待寂寞的心。只要我們的心中還有一個永不熄滅的信念，並努力地去尋找，總會找到幫助自己度過難關的那條光明大道。踏上它，雖然仍舊寂寞，但是總會通向成功。

 昇華寂寞

寂寞可以打敗自己，也可以成全自己。如果對自己說：「我失敗了，放棄吧。」那麼你真的會躺下去起不來。如果你對自己說：「我寂寞，我享受，我成功。」那麼寂寞就會搭建一條通往成功的橋樑，讓你最終採摘成功的果實。這時你會感慨地說：「是寂寞成全了我。」

## 03 淡泊才能長遠

世界上沒有不害怕寂寞的超人，
只有善待寂寞的智者，
而那些智者之所以能夠善待寂寞，
是因為他們有著一種常人所不及的品質——淡泊。

　　人生之路上難免會遇到坎坷、挫折，工作、生活中會遇到各種各樣委屈、誤解、怨恨。我們不能指望一生都顯山露水，所以不必因為自己平淡無奇而自怨自艾，也不能因為人微言輕而停止追求、碌碌無為。對我們來說，淡泊寧靜，保持清醒、理智的思維，是一種難得的思想和精神上的成熟。

　　諸葛亮《誡子書》中的「非淡泊無以明志、非寧靜無以致遠」，就是告訴我們：不追求名利，生活簡單樸素，才能顯示出自己的志趣；不追求熱鬧，心境安寧清靜，才能達到遠大的目標。

　　西漢大將霍去病曾六次出擊匈奴，為漢朝打通了通往西域的道路。霍去病出身貧寒，自小過著奴僕的生活，但卻沒有失去自己的志向。

　　西元前一二三年，漢武帝考慮到霍去病精於騎馬射箭，作戰英武勇猛，於是下令，派大將軍衛青挑八百名精銳的騎兵歸於霍去病的帳下，讓其指揮出擊匈奴。霍去病在帶領騎兵作戰中出奇致勝，活捉了單于的叔父、相國及將軍多人，並在以後的抗擊匈奴戰爭中又屢建奇功，漢武帝龍顏大悅，對霍去病加官晉爵，賞賜他高官厚祿，還為他建造了一座豪華的府邸。

　　府邸建好後，漢武帝帶著霍去病參觀了一遍，他本以為霍去病會大喜謝恩。誰知，霍去病看了這座雕樑畫柱、富麗堂皇的深宅大院後，對皇上深深一拜，說道：「多蒙皇上賞賜，匈奴一日不滅，去病一日不安，又何來雅致享受榮華富貴呢？還望皇上多多包涵。」

　　說完，霍去病翻身上馬，急急地朝軍營奔去。漢武帝望著

他的背影，讚歎不已。

後來霍去病雖然英年早逝，但在漢武帝眼裏，他始終是自己最寵愛的武將，還將霍去病唯一的兒子召進宮，親自教養。

由此看來，淡泊是一種優秀的品質，是一種寧靜自然的心態。淡泊明志，寧靜致遠，就是要見利讓利，處名讓名，是成功中的謹慎，是掌聲中的清醒，是等待中的耐心。只有對一些小的功利淡泊了，才能立大志，才能確定長遠的目標。

人，是不可能沒有慾望的。然而在一般情況下，忍得住顯示自己才智的慾望，才能獲得更多。

過分顯露自己的才能和智慧，過分地招搖過市，首先會使自己受損。大凡歷史上的名人能人、英雄豪傑，常常是身懷絕技，但他們也都知道，山外有山、天外有天、能人背後有能人的道理。所以想要贏得勝利，後發制人，都得深藏不露，大智若愚，不輕易地暴露和展現自己的才能。

有一位剛步入社會的大學生，他以為自己在學校學了很多知識，自己什麼都會。所以到一家公司工作後，他總是處處顯示自己的才能。

一天，辦公室一位同事正在一根接著一根地抽煙。他便上前對這位同事說：「大哥，你知道每吸一口煙，你的壽命會縮短多少時間嗎？」

看同事答不上來，他得意洋洋地說：「吸煙者每吸一口煙，壽命會縮短兩分鐘呢。」然後他又接著問：「大哥，你有多少年的煙齡了？」同事回答：「三十年。」

聽完同事的回答，他便自作聰明地計算起來，結果是，這

位同事的壽命將因為吸煙而縮短十六年。

同事聽完他的話，氣憤地把煙扔進了垃圾桶說：「我的事，不用你管。」

是的，比起顯露自己的聰明來，還有很多值得我們去做的事情，比如仁愛、比如實幹。為什麼我們不看淡一點呢？出頭者遭嫉，聰明太過則不會長久。

另一位剛剛大學畢業的學生，憑藉著自己的出色表現，很快在一家公司找到了工作。由於他專業知識紮實，頭腦靈活，很快便融入到工作之中，獲得了同事的羨慕和上司的讚揚。可是他非常傲慢，對別人的事情也總愛指手畫腳。一次在開會時，對主管擬定的方案，他也毫不避諱地指責。主管表面上表揚了他，但事後卻找了個理由將他辭退了。

真正聰明的人，是不會自以為是地對別人指手畫腳的。他們以謙虛好學為榮，常以自己的無知或不如別人而慚愧，向別人求教，豐富和完善自我是他們的目的。即使自己確有才能，也不要四處去出風頭，不要刻意地炫耀或展示自己。因為只有淡泊，才是做人的崇高境界。做到了凡事淡泊，方能成大器，方能攀上高峰！在物慾、名利橫流的當今，有志者更應守住淡泊，向自己既定的目標前進！

昇華寂寞

　　「淡泊」是一種古老的道家思想，它體現在寵辱不驚、拋開名利的誘惑與腐蝕上。只有做到這兩點，才能稱得上淡泊。一個人如果把名利當目的，那往往會事與願違。只有保持著一顆淡泊的心時，名譽才會自然而來。

## 04 寂寞讓我們韜光養晦

一個甘願處於次要位置的人，一個謙卑的人，
最後會贏得大家的尊重和愛戴。
而一個驕傲的人，一個鋒芒畢露的人，
常常因為無法接納他人的意見，
從而失去他人的支持。

　　韜光是隱藏自己的光芒，養晦是處在一個相對不顯眼的位置。它和低調的意思基本相同，這是一種優秀的策略。

　　當今社會的發展處在一種競爭狀態，為了維續生存，每一個人都有自己獨特的生存本領。在自然界中，當相對弱小的動物受到強大對手的攻擊時，它往往會以假死來矇騙敵人、保護自己。韜光養晦實際上也是一種類似假死的行為，目的也是為了保護自己，以求得喘息、發展的空隙。

　　歷史上有兩個很經典的例子：

一個就是越王勾踐幾乎要全軍覆沒時，為了給自己贏得第二次機會，「乃令大夫文種行成於吳，膝行頓首：『君王亡臣勾踐使陪臣文種敢告下執事：勾踐請為臣，妻為妾。』」此舉雖是奇恥大辱，而勾踐為了給自己贏得一次機會，終能忍屈負重，通過十年的臥薪嚐膽、韜光養晦，而最終達到滅吳的目的，得以雪恥。

另一個是西漢對匈奴。漢高祖死後，冒頓單于給高后的信上說：我曾和高帝約為兄弟，現在高帝已去，我想按照匈奴的習俗娶你為妻。這對於漢朝來說是國恥，可當時確實敵我懸殊。高后冷靜下來後與群臣商議，決定含恨忍辱，回信給冒頓說：自己年事已高不能再服侍單于，願以公主代之。高后能有如此胸襟和見識，確實讓我們佩服。

歷史證明，高后的決定是英明的，經過半個世紀的韜光養晦，漢朝終於在漢武帝時，連本帶利地向匈奴索報了國仇家恨。

在現實生活中，也存在著一種自視頗高的人，他們銳氣旺盛，鋒芒畢露，處事不留餘地，待人咄咄逼人，有十分的才能與聰慧，就十二分地表現出來。但這種人卻往往在人生旅途上屢遭波折。

事實上，在錯綜複雜的社會中，刻意炫耀才能，不僅會招來別人的妒忌，並且會被認為是輕浮。一個有著遠大抱負的人，當時機不成熟時，往往會採取韜光養晦的謀略。

有一個電子公司的小員工，他總覺得自己的才能沒有得到重用，想離開公司。一天，他對一位好友說：「我要離開這個

公司，我恨這個公司！」

好友建議道：「我舉雙手贊成你報復。對這樣不重視人才的公司，一定要給它點顏色看看。不過，你現在離開還不是最好的時機。如果你現在走，公司的損失並不大。你應該趁著還在公司的機會，拼命地將這家公司好的經營策略學到手，多拉一些客戶，成為公司獨當一面的人物，這樣你突然離開時，才能使公司受到重大損失。」

這名員工覺得朋友說的非常有理，於是努力工作。一年過後，他成了公司獨當一面的人物。好友見到他時問：「現在時機到了，你還要離開公司嗎？」

這名員工笑了笑說：「不走了，我現在是公司的業務經理，不久還會被提拔呢。」

從這名員工的身上，我們可以看到，一時的韜光養晦，換來的將是長久的成功。在現實生活中，面對各種各樣的競爭，要想生存或者說要想生存得更好，就必須採取「韜光養晦」的策略。

李白詩曰：「十年磨一劍。」在這個物慾橫流的社會，市場經濟衝擊下的人們，許多人都急於求成，總幻想著不勞而獲，或者說少勞多獲的成功，孰不知道這種心態，往往會阻礙他們成功，讓他們為成功付出更大的代價。「韜光養晦」在這個時代顯得尤為可貴，首先必須有隱忍的能力，其次要能夠捨小利而就大益，朝著更大的目標努力。

其實韜光養晦還包括謙卑的意思，就是甘願讓對方處在重要的位置，讓自己處在次要的位置。謙卑在人際交往中，作為

一種品格非常重要。如果你不謙卑，就很難被別人接納。不被別人接納，你就無法與別人溝通，無法與別人溝通，你就什麼事也別想做！如果人與人之間能夠相互謙卑、互相尊重，那人與人之間的關係就會很好，大家團結一致，就沒有做不成的事情。

因此韜光養晦不只是一種生存策略，也是一種美德。一個甘願處於次要位置的人，一個謙卑的人，最後會贏得大家的尊重和愛戴，這樣的人在領導位置上，也能好好地服務他人；而一個驕傲的人、一個鋒芒畢露的人，常常因為無法接納他人的意見，從而失去他人的支持。所以說韜光養晦對一個人很重要。

### 昇華寂寞

韜光養晦是謙虛、是智慧，是處世之法，是我們每個人都應該去學習的優良品質！韜光養晦是說在不利的情勢下，用隱藏鋒芒的方法，躲避不利，保存自己，伺機圖發。想要韜光養晦，一要耐得寂寞，二要吃得苦頭，三要懂得取捨。能做到這些，也就萬事皆通了。

# 05 寬容別人，解救自己

寬容不僅是一種雅量、文明、胸懷，
更是一種人生的境界。寬容了別人，
就等於寬容了自己，寬容的同時，
也創造生命的美麗。
　　　　——愛默生

　　生活中有許多是是非非，有的人要錢，有的人爭面子，有的人圖個心理平衡。但錢不能長久，面子不能當飯吃，心理平衡也只是暫時的。只有寬容的人，才能夠得到永久的快樂。因此寬容他人就是善待自己。

　　寬容是一種美德，寬容更是一種自我解脫。寬容他人，給予他人尊重和信任，同時也是賜予自己幸福和快樂。

　　過年過節的時候，親朋好友總愛聚在一塊兒開懷暢飲。有一次，幾名男同事一起去一個朋友家聚餐。

　　朋友的妻子做了一大桌子的菜，拿出了家裏所有的好酒來招呼這些客人們。客人們也毫不客氣，一會兒工夫便喝得東倒西歪。朋友妻子一直在旁邊陪著這些客人們，不時地添添茶、倒倒水，並在大家不注意的時候，打開窗子，讓新鮮的空氣通進屋裏。稍微清醒些的同事覺得很奇怪，問朋友的妻子：「你怎麼就不管管他，讓他少喝點？」

　　朋友妻微微一笑，說：「我也知道喝酒對身體不好，但是如果喝酒能讓他快樂，我為什麼要阻止？我情願讓我的丈夫能快快樂樂地活到六十歲，而不願意他勉勉強強地活到八十歲。畢竟，一個人的快樂不是時間和金錢可以換來的。」

　　後來同事再找這位朋友喝酒的時候，朋友竟然不喝了。大家問他為什麼，他憨笑著說：「她能為我的快樂著想，我也不能讓自己提前二十年離開她呀。」

　　寬容是一種很重要的人生哲學。在我們寬容別人的同時，別人也用寬容來回報我們。

　　寬容是一種美德。人要成大事，就一定要有寬闊的胸懷，只有養成了包容一些人和事的習慣，才能夠取得事業上的成功與輝煌。一個人不能容忍別人的缺點，就不可能擁有真正的朋友，而他的人生也難以成功。

　　曾經有位老師，上課時發現一位學生時常低著頭畫些什麼。有一天，他悄悄走過去拿起學生的畫，發現畫中的人物正是呲牙咧嘴的自己。

　　這位老師看後不但沒有發火，反而微笑著告訴這位學生，如何才能畫得更加傳神一些。從此，那位學生上課時再沒有畫畫，各門課都學得不錯，後來還成了頗有造詣的漫畫家。

　　我們在生活中，經常會遇到令我們難堪的事。這時就需要我們寬容以待。寬容不僅需要「海量」，更是一種修養促成的智慧，事實上，只有那胸襟開闊的人，才會自然而然地運用寬容。

　　誰都明白，一個懷有仇恨情結的人，自己的內心亦飽受著

騷擾，並不平安。因此寬容別人亦即拯救自己。

當然，許多人往往在口頭上原諒了對方，可是對一切並不忘懷，這並不是真正的寬容。懷著一顆冰冷的心，口頭上的原諒，只不過是證明自己道德的優越性，這不但令對方痛苦，還折磨著自己。

真正的寬容不但要包容對方的過錯，還要遺忘自己所做出的原諒。過分地強調自己的襟懷大度，會使對方負疚。只有心口如一的真正寬容，才會為你帶來安靜平和的心境。

莎士比亞在一本書中說過：「寬容就像天上的細雨滋潤著大地，它賜福於寬容的人，也賜福於被寬容的人。」因此我們要學會寬容，寬容自己，寬容敵人，寬容親人。

首先，必須寬容自己的親人。人生不如意十之八九，越是親近的人，可能對你的傷害越大。但往往親人的傷害卻是無心的，抑或是一時的衝動。所以你要學著原諒你的親人，因為他們曾給過你最親切的關懷與幫助。

其次，必須寬容你的敵人。當今社會是一個競爭激烈的社會，我們的精神經常處於高度緊張的狀態中，難免會有人與你的想法不一樣，也可能會有人在你的背後議論你、傷害你，把你當作敵人。對此，你要以一顆寬容之心來對待。因為你的憤怒只會影響到自己和家人的安寧。你應該感謝你的敵人，或許正是他們的傷害，才令你更加堅強。

最後，必須原諒自己。人非聖賢，孰能無過。誰都有犯錯的時候，也不可能得到每個人的認可，所以當你做錯事的時候，要學會寬容自己，大不了改正，從頭再來。

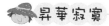昇華寂寞

　　寬容別人，其實就是寬容我們自己。多一點對別人的寬容，我們生命中就多了一點空間。有朋友的人生路上，才會有關愛和扶持。寬容，也許是一種自我體會寂寞的過程，但是卻不會孤獨；懂得寬容，便會使你的生活少一點風雨，多一點溫暖和陽光。其實寬容永遠都是一片晴天。

# 06 寬恕比仇恨更有力量

人生中，寬容是一種堅不摧的力量。
互相寬容的朋友，一定百年同舟；
互相寬容的夫妻，一定千年共枕；
互相寬容的世界，一定和平美麗。

　　人們往往因為仇恨一些人或事，將自己置身於寂寞的世界裏。其實從寂寞走向寬恕的道路並不遠。寬恕，比仇恨更有力量。

　　孔子的學生子貢曾問孔子：「老師，有沒有一個字，可以作為終身奉行的原則呢？」孔子說：「那大概就是『恕』吧。」「恕」，是一種力量，是一種讓我們重新煥發青春與熱情、順暢工作、幸福生活的保障。一旦我們意識到寬恕的精神力量，我們的生活便如同車子駛上了康莊大道。

我聽過這樣一個故事：一位從車輪底下死裏逃生的人，去拜訪另一個當時和他一起因車禍住院的難友。

他問這位朋友：「你已原諒那群可恨的傢伙了嗎？」

「是的！我早已原諒他們了。」

「我可是一點都沒有原諒他們，我恨透他們了，這些傢伙害得我落下了終生殘疾，至今想起仍讓我咬牙切齒！恨不得將他們千刀萬剮。」

他的朋友聽了之後，靜靜地應道：「若是這樣，你現在仍在他們的車輪底下。」

其實每一個人都可能遇上類似的事，如果把它們始終記在心上，那麼這種不幸會永遠跟著你，即使你遇上高興的事情，也不能真正地高興起來。如果非要給寬恕找個理由，那麼最好的理由就是：讓自己的心靈從「車輪」底下解放出來。

一個叫傑瑞的男孩，在樓下打籃球的時候，不小心將隔壁女鄰居窗上的玻璃打破了。事後，傑瑞很害怕，擔心被抓住。但很多天過去，每天見面的女鄰居並沒有責備他。

出於良心的自責，傑瑞拿出存了好幾個星期的零用錢，買了塊玻璃，準備為女鄰居修好窗戶。

傑瑞拿著玻璃送給女鄰居後的第二天，女鄰居給了傑瑞一本筆記本，筆記本裏夾著一張字條和買玻璃的錢。字條上寫著：「你真棒！」此後，傑瑞好像發現了世間最寶貴的東西，奮發向上，多年以後成了一家公司的總裁。

這就是寬容的力量。寬容說起來簡單，可是做起來並不容易。寬容是一種修養，一種氣度，一種德行，更是一種處世的

學問。如果我們每個人都能做到寬容，那麼我們生活的社會就會變得更加友善和美好。

達文西在米蘭的聖母教堂畫《最後的晚餐》時，曾發生了這樣的事：當他畫到耶穌的面容時，遇到一件令他十分氣憤的事，他與共事的員工發生了爭執。

事後，他心中充滿了怒氣，所有的藝術靈感都消失殆盡。達文西仍舊盡自己的努力去畫，但他還是畫不好耶穌的面容。他一次次嘗試卻都失敗了，他開始沮喪和不安。最後，達文西終於體認到，他的怒氣趕跑了他在創作中必不可少的寧靜的心境。他立刻放下畫筆，找到那個跟他爭吵的人，向那個人道歉，並請他寬恕。問題解決了，達文西帶著寧靜與慈祥的心境回到工作上，靈感從他的筆端湧流而出。藝術家以他寬恕的心境，抓住了這個奇妙的時刻。直到今天，教堂四壁許多都已毀壞，然而《最後的晚餐》在世界藝術寶庫中，仍佔有著光輝的一頁。

所以說寬容不是懦怯膽小，而是一種無形的力量。它可以給人勇氣和力量，使人奮發向上，可以化解矛盾，讓人們冰釋前嫌。而仇恨是黑暗邪惡的一種情感，它不但破壞了人與人之間的關係，還可能摧毀我們的社會，甚至葬送許多無辜的生命，吞噬我們的健康。

人的一生會有很多沉重的負擔，一路生活，一路坎坷。誰也難以設計定局，一個偶然的選擇，便有可能被歸入另外一種生活。我們要明白人生的短暫，不要被仇恨所左右，而蒙蔽了雙眼，將自己沉溺於悲傷低落的圈套中。

　　我們在與他人相處的過程中，應該記住一位哲人所講的話：「航行中有一條規律可循，操縱靈敏的船，應該給不太靈敏的船讓道。」尤其是在我們的工作中，當我們與同事發生矛盾時，我們更要做到寬容，做一個肯理解、容納他人優點和缺點的人，才會受到人們的歡迎。因此為了培養和鍛鍊良好的心理素質，我們要勇於接受寬容的考驗，即使在情緒無法控制時，也要忍一忍，避免急躁和魯莽，控制衝動的行為。

### 昇華寂寞

　　仇恨只能永遠讓我們的心靈生活在黑暗之中，而寬恕卻能讓我們的心靈獲得自由，獲得解放。寬恕別人，可以讓生活更輕鬆愉快；寬恕別人，可以讓我們有更多的朋友；寬恕別人，就是解放自己，還心靈一份純淨；寬容，更是一種力量，可以構建一個融洽的環境，讓大家處在和諧的狀態下，共同進步。

## 07 有一種心態叫放下

做人處世，對任何事情和際遇都應當拿得起、
放得下、想得開。放下「別人」是一種快樂，
放下「自己」更是一種快樂。

　　人活著，最重要的就是快樂，要想快樂，就要遇事想得

開、分得明、放得下，理智地去應對每一件事。簡單點說，就是調整好心態，把煩惱的事放下，做好自己該做的事，這樣才會成為一個快樂的人。

曾經看到這樣一個故事：一個年輕人總是看到別人的快樂，而自己總覺得很不快樂。為了尋找快樂，他揹著一個大包袱四處奔波。一天，這個人來到一間寺廟，遇到了一個快樂的和尚。

他對和尚說：「師父，書中人是那樣的快樂，為什麼我卻是那樣的孤獨、痛苦和寂寞呢？為了和書中人一樣快樂，我到處尋找，你看，我的鞋子破了，手也受傷了，雙腿也因為長期的跋涉疲倦到了極點……為什麼我還不能找到所謂的快樂呢？」

和尚問：「既然那麼疲憊，為什麼你不把身上的大包袱放下呢？」「它對我可重要了，我把每一次跌倒的痛苦和煩惱都裝了進去，正是有了它，我才能走到今天。」

和尚聽完他的話，留他在寺中住了一夜。第二天，將他睡的床和床上的鋪蓋全搬到了院中，讓他將這些東西揹走。

年輕人很不解地問：「它那麼沉，我揹得動嗎？」「是的，年輕人，你揹不動它。休息時，它對你是有用的，但起床後，你就要放下趕路。否則它會變成你的包袱，就如同你背上的包袱一樣，會讓你快樂不起來。放下它吧，孩子，生命不能太負重。」

年輕人放下了沉重的包袱，頓覺輕鬆愉悅不少。原來快樂竟如此簡單。這個快樂不是誰能給的，而是在放下了「自己的

包袱」的同時，才會得到。

　　整個社會的生活節奏都很快，每個人似乎都憋足了一股勁往前衝，卻往往沒有看清楚一路的風景，等到了終點，一切煙消雲散了，看到的，也就只能是紙幣上單調的花紋，甚至是不孝兒女冷漠的臉孔。這些對我們的人生雖然暫時有用，但更會令我們的生命更加沉重。

　　到底什麼才是真正的快樂？每個人都有每個人自己的答案。而得到快樂最簡單的方法就是放下，放下重擔是一種快樂，放下包袱是一種快樂，甚至放下工作、放下情感、放下官職、放下財富，都是一種快樂。

　　那麼我們要如何放下？生活中有什麼是我們需要放下的呢？

　　首先，我們要做的就是放下「別人」。不要一天到晚都想著「別人怎麼怎麼樣了，而自己卻總是比別人差」。我們應學會看到自己的優點，而放下「別人的優點」，放得越多，收穫也就越多；收穫越多，人生的快樂也就越多。

　　第二，放下壓力。我們每天都要經歷很多事情，開心的、不開心的，都在心裏安家落戶。心裏的事情一多，就會變得雜亂無章起來，然後心也跟著亂了起來。那些痛苦的情緒和不愉快的記憶，如果充斥在人的心裏，就會變成壓力，使人萎靡不振。這時就需要我們把這些無謂的壓力扔掉，給快樂整理出更多更大的空間。

　　第三，放下煩惱。人生所謂的煩惱，都是自己給的。如果學會平靜地接受現實，學會對自己說聲順其自然，學會坦然面

對厄運，學會積極地看待人生，學會凡事都往好處想。那麼煩惱自然就放下了。這樣陽光就會流進心裏來，驅走恐懼，驅走黑暗，驅走所有的陰霾。

第四，放下自卑。每個人最大的敵人不是別人，而是自己，特別是自卑的人，這就需要我們放下自卑。因為不是每個人都可以成為偉人，但每個人都可以成為內心強大的人。內心的強大，能夠稀釋一切痛苦和哀愁；內心的強大，能夠有效彌補你外在的不足；內心的強大，能夠讓你無所畏懼地走在大路上，感到自己的思想高過所有的建築和山峰！

第五，放下懶惰。想要改變自己的生活，令自己快樂起來，就要放下懶惰，不要一味地羨慕人家的絕活與絕招，要通過恒久的努力，自己去擁有。

第六，放下消極。消極在左，希望在右。如果你想成為一個成功的人，那麼請積極地打敗消極吧。只要你願意，沒有什麼不可以打敗。

第七，放下抱怨。與其抱怨，不如努力。所有的失敗都是成功的基石，抱怨只會阻礙成功的步伐。只有放下抱怨，心平氣和地接受失敗，才能成為最後的強者。

在這大千世界、物慾橫流的時代，各種誘惑紛至遝來。仕途得志者自然風光無限，商場得意者更加威風八面，但如果你志不在此，則大可不必望之興歎。不要為一時的得失而迷惑，不要因世俗的偏見而移志。他人的故鄉，或許只是你的客棧。人生如船，生命這艘船載不動太多的物慾和虛榮，要想揚帆而不在中途擱淺或沉沒，就必須輕載，把那些應該放下的果斷地

放下。

所以不要總是煩惱生活，不要總以為生活辜負了你什麼，其實你跟別人擁有的一樣多。只是有些人是必須忘記的，有些事是用來反省的，有些東西是需要放下的。在你感到寂寞的時候，就好好想想這些吧，認清哪些是必須忘記的，哪些是用來反省的，哪些是需要放下的，從而做到該放手時就放手。只有放開了手，你才可以騰出手來，抓住原本屬於你的快樂和幸福！

### 昇華寂寞

我們常常追逐快樂，卻總放不下心中的累贅。其實快樂很簡單，它是一種心境，一種頓悟後的豁然開朗，一種釋放重擔後的輕鬆。知足者常樂，放下即快樂。當我們放下心的負累後，你會覺得這世界其實很美好，你會發現原來快樂就在眼前。

## 08 人生在世，以和為貴

> 天時不如地利，地利不如人和。
>
> ——孟子

俗話說得好：多一個朋友，就會少一個敵人。現實生活中的確是這樣，感受過寂寞的人，更能體會到這個真理。多一個

朋友，多一條路，世界上的許多事，都需要別人的幫忙，靠一個人的力量是不可能完成的。所以這就得需要一個「和」字。有了這個字，世界才會和平美麗。

我國自古以來就是禮儀之邦，有著淵流不盡的民族文化，儒家的「禮」就在於一個字「和」。孟子說：「威天下不以兵革之利。」何以威天下？孟子的解答是「仁」。何為仁？「和」也。

和，是需要人們精心培育和建設的文化。漢字中的「和」字，有多重含義，有和美、和睦、和衷共濟的意思，還有祥和、和平、和氣的解釋。「以和為貴」，不僅能將矛盾化解於無形，而且還能為自己創造和諧的生存環境。

民間有這樣一個故事，很久以前有個靠近山區的部落，每當莊稼成熟的時候，總會受到野豬的襲擊，每年都要損失不少糧食。

這個部落的族長對此非常頭疼，他對族人說：「如果有誰能讓野豬不再毀壞莊稼，便把漂亮的女兒嫁給他。」

這年秋季，又到了莊稼豐收的時節。一個族人上山和野豬搏鬥了一番，殺死了正要下山毀壞莊稼的野豬。當他帶著滿身傷痕回來後，族長很高興，準備設宴將女兒許配給他。

可是第二天族人前來回報，說來了第二批野豬，不但毀壞了大片的莊稼，還咬傷了幾名村民。族長很不高興，就取消了婚事。

過了幾天，又有一個族人上山了。這次，這名族人帶回了一隻非常大的野豬皮。他說：「擒賊先擒王，我將山中最大的

野豬殺死了，野豬潰散了。」族長聽了很高興，非常欣賞這位族人的計謀，就下令準備婚宴。

可是婚宴還沒擺好，又有族人回報，說四處逃散的野豬正變本加厲糟蹋莊稼，還見人就咬，害得族人都不敢下地工作了。族長又悶悶不樂，取消了婚宴。

又過了幾天，又有一名族人上山了。這次他是空著手回來的。他告訴族長，野豬再也不會來村上騷擾族人了。族長聽了很不信，讓族人們靜靜地觀察幾天，看是不是像這名族人說的那樣，野豬再也不會來了。

十多天過去了，這個部落真的沒有再出現野豬的影子。族長很高興，將女兒嫁給了這個族人。

原來這名族人只是採用「驅」和「誘」相結合的辦法，將野豬引到了另外一座山裏。那裏有豐富的水和草，足夠野豬食用，當然不會再來侵犯莊稼了。

看了這個故事，我們誰也不能否認，第三位族人的辦法是大智慧。他所想的是如何「化敵為友」，而不是把野豬全部消滅掉。生活中，人與人之間難免發生矛盾，但只要我們抱有一顆友好真誠的心，和睦相處，矛盾自然會化解於無形。

生活中許多爭吵，細想起來很沒有必要。有這樣一句俗話說：「人生本是一齣戲，因為有緣才相聚。為了小事發脾氣，回頭想想又何必？」仔細想想，確實是這麼一回事。人與人之間沒有什麼大怨，只是些雞毛蒜皮的小事，為什麼爭吵不休呢？遇事以和為貴，做人應該有仁和之心、謙和之德、溫和之氣、慈和之容。人與人之間，彼此少一些盛氣凌人，多一些態

度溫和，就會少許多不必要的爭吵和不開心。

在現實生活中，懂得以和為貴的人，總比與「和」不投緣的人受歡迎。俗話說得好：家和喜事多，人和萬事興。不管什麼時候，和睦的家永遠都是你躲風避雨的港灣，和氣的人際關係永遠都是你快樂的根源。和能形成合力，「團結就是力量」，這家喻戶曉的真理，歸功於一個「和」字。

親朋、同事、鄰里之間要和睦相處，實現共同的目標要和衷共濟，待人接物要和顏悅色，解疑難、化疙瘩要和風細雨；氣氛緊張要緩和，發生爭執要講和，求取學問要謙和，對人態度要溫和；修煉仁和之心，推廣和善之德，創造和諧局面，使各項事業和順發展。

### 昇華寂寞

俗話說：笑口一開泯恩仇。和善待人，能得到他人的理解和尊重。和能化解矛盾，和能以柔克剛。生活中的許多矛盾，只要用和善的辦法去處理，就能迎刃而解。矛盾雙方各讓一步，就能大事化小、小事化無。

# 09 學會做冬季的臘梅

懂得包容的人像太陽，照到哪裡哪裡亮；
喜於包容的人像土壤，臘梅吐豔，百花飄香。

法國著名詩人雨果說過：「世界上最寬闊的是海洋，比海洋更寬闊的是天空，比天空更寬闊的是人的胸懷。」一個人的包容可以被寫在書上，刻在碑上，也可以開在枝頭，供人欣賞。就像寒冬臘月裏的梅花，只有包容了漫山遍野的雪白，才綻放出多彩多姿的嬌豔。

在現實生活中，我們與人交往，總會碰到一些不順心的事，或者受到傷害，如果能站在別人的角度多想想，學會包容和忍讓，就可以化解許多煩惱，培育出世間最美的和諧之花。

作家林清玄在其《送一輪明月》的文章裏，講了一個包容的故事：

一位住在山中茅屋修行的禪師，有一天趁夜色到林中散步，在皎潔的月光下，他突然開悟了自性的般若。他喜悅地走回住處，看見有個小偷光顧他的茅屋，找不到任何東西的小偷，在離開時看到了禪師。原來禪師怕驚動了小偷，一直在門外等候，他知道小偷一定找不到任何東西，早就把自己的外衣脫下來拿在手上。

小偷遇見禪師，正感驚愕的時候，禪師說：「你走了老遠

的山路來探望我，總不能讓你空手而歸。夜涼了，你帶上這件衣服走吧。」說著把衣服披在小偷的身上，小偷不知所措，低下頭溜了。

禪師看著小偷的背影走過明亮的月光，消失在山林中，不禁感慨地說：「可憐的人啊，但願我能送一輪明月給他。」禪師目送小偷離去，回到茅屋赤身打坐，進入了定境。

第二天，他在溫暖的陽光撫觸下，從極深的禪定中睜開雙眼，看到披在小偷身上的外衣，被整齊地疊好，放在門口。他高興地喃喃自語：「我終於送給了他一輪明月。」

包容他人，是深邃智慧的體現，是非凡氣度的表現。哲學家康德說：「生氣，是拿別人的錯誤懲罰自己。」金無足赤，人無完人，誰能保證自己一生不犯錯誤呢？藺相如對廉頗的包容，成就了「將相和」的佳話；鮑叔牙對管仲的包容，成就了齊桓公「一匡天下」的壯舉；李世民對魏徵的包容，成就了「貞觀之治」的盛世……錯誤在所難免，包容他人的錯誤就是神聖！

那麼包容自己呢？人無完人，甚至會有些殘缺。對於自己的殘缺，我們也要學著包容。學會包容自己，就學會了生活；懂得包容，就懂得了快樂！

有一個小女孩，聰明伶俐，九個月大的時候，就能跟著廣播裏的音樂「舞動」，不到兩歲，就能跟著電視上的舞蹈一起扭。可是兩歲半時的一次意外，奪去了她的雙臂。雖然她得以僥倖存活，可是卻無法像正常人一樣生活。

小時候的她經常遭人欺負。然而她卻沒有因為身殘自暴自

棄。相反地，她包容了自己的不完整，包容了自己的缺陷，漸漸學會了獨立生活，並在二十三歲那年考取了駕照，還能夠用牙齒咬住雙截棍表演。

每個人在生活中都會有挫敗和不幸，如果我們關閉自己心靈的花園，只看到挫敗與不幸，那麼這個世界將充滿不安與緊張。如果每個人都懷著一顆善良與包容的心，向世界敞開最博大的愛，那麼他們的花香不止於自家的鞋邊，更散落在廣闊無垠的土地，芳香了一方水土；他們的鮮花也不止於開滿花園，更深嵌大地。

古語云：「將軍額頭跑得馬，宰相肚裏能行船。」一個人心胸有多大，事業就有多大。

大海既容納清淨的水，又容納污穢的水，才成就了其浩瀚無邊；明月既照耀渺渺的山河，又照耀茫茫的大地，人間始得玉宇澄清。一個人既要包容善的，又要包容不善的；既要包容自己，又要包容別人，還要包容世界，才能夠成就美滿的人生。

學會包容吧！讓你的內心不再狹隘，不再孤獨。包容是生活中的太陽，將給人們帶來無盡的溫暖；包容是生活中的動力機，將給人們帶來無限的激情與力量；包容是生活中的美酒，將給人們帶來醉人的芳香……

### 昇華寂寞

著名黎巴嫩詩人紀伯倫曾經說過：「一個偉大的人有兩顆心：一顆心流血，一顆心包容。」面對自己與他人的過錯，如果耿耿於懷，只會帶來沉重的心靈負累。與其讓心靈承受痛苦，不如以一顆包容的心獲取一份自釋與坦然。

# 10 欣賞自己的不完美

每個人都是一顆閃光的星，都有屬於自己的星座。
每個人都是一種寶石，沒有人可以阻止它的光芒。
想讓自己成為焦點，一定要欣賞自己，相信自己，
從而戰勝一切艱難險阻，向更高峰攀登。

每個人都會有這樣或者那樣的不完美，也許你正在因為自己的不完美而封閉了自己的心，令自己處在寂寞的包圍之中。其實沒有缺憾，我們就無法去衡量完美。仔細想想，不完美其實也是一種美。

人生在世，既有優點，也有不足，只有懂得欣賞自己的人，才會在任何環境、任何條件下，遊刃有餘，越來越強大。

一位修鞋師傅，三十多歲，相貌堂堂，酷似某偶像明星，甚至比偶象明星多幾分英氣。當別人問他為什麼做這樣的「工作」時，他笑著將擦鞋布從膝蓋上拿下來，並誇張地走了幾步

給大家看，原來他是個瘸子，右腿長，左腿短，左腳還是畸形。

看到他這樣，問者很尷尬，可是他卻很坦然，仍是笑著說：「我雖然不能正常走路，卻能為你們修理走路的鞋子，讓你們走得舒適。」他還驕傲地告訴問者：「我老婆很漂亮，女兒更漂亮！」

與這位修鞋匠相反，有的人四肢健全，卻因自卑而自暴自棄，從而一事無成。

一天晚飯後，我到廣場散步，走到一個僻靜處時，看到一個男人雙手抱拳，用力地捶打自己的頭，好像跟自己有仇似的。我再三詢問，才知道他為自己辦了一件錯事而後悔，他認為自己很沒用，一直無法原諒自己，甚至想到了死。

後來我和他講了那位修鞋匠的故事，還講了一位醜女的故事。那位女子身高只有一百三十公分，但她不自卑，經常一個人自助旅行，一路上拍了許多照片，寫出了近百篇遊記，並結集出版。她有句豪言：「別人是『走』，我是『跳』，所以我能夠得到任何想要的東西。」

其實人生在世，註定與不完美相伴。雖然渴求完美的習性，讓許多人做事小心謹慎，但卻養成了膽小怕事的不完美性格。

一個人既有優點，也有不足。只有充分地自我接納，懂得欣賞自己，才能自信地與人交往，出色地發揮自己的才能和潛力。假如一個人不懂得欣賞自己、接納自己，老是以懷疑的、否定的態度看待自己，就有可能限制，甚至扼殺自己的生命

力。

　　心理學家研究發現，人類天性中最根深蒂固的本性之一，是被人欣賞的渴望。然而想要被人欣賞，首先應該學會欣賞自己。欣賞自己的人充滿自信，就像螢火蟲從來就不崇拜和羨慕太陽一樣，它只是欣賞自己，才能在晚上釋放出與太陽不一樣的光來。學會欣賞自己的人，還要帶著同樣的目光去欣賞別人，只是欣賞，而不是崇拜或者羨慕。於是就很容易使別人的優點，變成自己的優點。

　　欣賞自己，並不是傲視一切的孤芳自賞，也不是唯我獨尊的狂妄不羈。因為它不需要大動干戈的勇氣，也不需要改頭換面的毅力，它只屬於一種醒悟，一種境地，一種面對困難時能給予自己信心的泉源，一種推動自己向挫折挑戰的動力。

　　一次，一位教授帶著他的學生去外地參加一個研討會。會議期間住進了一家旅館，發現賓館的工作人員對一個相貌醜陋的女士十分敬重，而對一位漂亮的小姐卻愛理不理。

　　教授問學生：「你們知道這是為什麼嗎？」學生向人打聽後告訴教授：「那位相貌醜陋的女士雖然醜，但卻懂得欣賞自己，每天將最美的笑容展現給大家。而那位漂亮的小姐，卻每天擺著驕傲的冷豔面孔，所以大家都不喜歡她。」

　　看來，是否被人尊敬並不在於相貌的美與醜，而在於一個人的心靈。能夠做到欣賞自己，其實是挺難的。自己身上到底有什麼值得欣賞的東西呢？其實不是沒有，而是有很多，只是自己往往沒有發現罷了。欣賞自己也便是發現自己，更全面地瞭解自己，是自知能力的昇華。如果能做到欣賞自己，那麼這

個人便能樂觀、自信地面對生活，這個人渾身上下也就洋溢著活力，和他在一起的人們，也會變得有活力。

「天生我才必有用」，欣賞自己，既能補拙，也能補醜；欣賞自己，能夠增強個人的自信心，從而將自己的不完美變得完美；欣賞自己，你會欣喜地發現，自己身上有著平時不曾注意的優點。也許你不夠漂亮，也許你不夠瀟灑，但你大可不必為此自卑，只要你擁有一顆美好的心靈，你就擁有了自我欣賞的能力，擁有了吸引人的魅力。

### 昇華寂寞

欣賞是心靈的陽光，它會讓人在寒冷的時候體會到溫暖，在黑夜裏看到光明，在失意的時候依然自信。我們不但需要別人的欣賞，更重要的是能夠欣賞自己。一個人如果每天都能用欣賞的眼光去看待自己，感受生活，那麼他的生活必定是愉快的。

# Chapter 3

## 克己是智，量大是福

寬容加上克制，人就有了耐心，而只有有耐心的人
才會享受寂寞。這也是一種智慧。

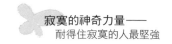

# 01 多堅持一刻

涓滴之水終可以磨損大石，
不是由於它力量強大，
而是由於晝夜不捨地滴墜。—貝多芬

在一個寒冷的冬天裡，一位農夫在自家的田地裡發現了一棵小樹。這棵樹的葉子掉得一片不剩，連光禿禿的枝椏也不斷地往下落。農夫以為這棵樹已經枯死，便順手砍倒放在地上。到了春天，他驚奇地發現樹樁上又萌發了一圈新綠。這時他才知道，看似枯死的軀幹，還蘊藏著這麼大的活力。

從農夫的教訓裡我們可以得知，對於處於逆境中的事物，絕不要事先做出最壞的結論。多堅持一刻，冬天總會過去，春天一定到來。

在冬天裡看見春天是一種智慧，在寂寞的時候感受快樂也是一種智慧。但這種智慧往往被我們忽略，原因就在於我們不能多堅持一刻。在我們的生活中，不能多堅持一刻而導致失敗的例子屢見不鮮，這從我們的孩童時期就開始了：一道題不會，便不想努力學習；一次考試不利，便自暴自棄；工作遭遇一次失敗，便停步不前……這些簡單武斷的否定，無形之中養成了人們逃避的心理和懦弱的性格。

成功者與失敗者的唯一區別，往往不是更多的勞動和孜孜

不倦的流血流汗，也不是聰明過人的頭腦和出奇致勝的謀略，而是在於他們的韌性和耐心，在於他們堅持更久，有時是一年，有時是一天，有時，僅僅是一瞬間。

一對從鄉下來都市打工的兄弟，事先沒有做任何準備就到一家大公司應徵。經理感到很好奇，想知道他們到底會些什麼，便對他們進行面試。不用說，面試結果很糟糕。他們解釋說剛到大都市，沒有準備好。經理以為他們只不過是在找藉口，便隨口應道：「等你們準備好了再來試吧。」

一週後，兄弟倆經過一番準備後又走進了這家公司。這次，他們依然沒有成功，但比第一次的表現好多了。經理給他們的回答也和上次一樣：「等你們準備好了再來試。」就這樣，他們一連來了十次都沒有成功。

無數次的失望磨掉了弟弟最後的耐心，他向哥哥提出兩個人一起去其他公司應徵，再找出路。哥哥說，萬事開頭難，再堅持一陣子，也許下一次就成功了。弟弟不顧哥哥的好言相勸，說什麼都不再去這家公司應徵，獨自去找其他公司。

第二天，兄弟倆一同出門，哥哥第十一次走進那家公司的大門。弟弟則按照招聘廣告的指引到處找其他工作。

那天晚上，兩個人回到租屋時卻是兩種心情：弟弟依然無功而返，哥哥卻成功地被那家公司錄用，並被那家公司定為重點培養對象。

原來，第一次見到兄弟倆的時候，經理就決定，只要他們能夠堅持夠十次，第十一次就錄用他們。因為鄉下人本身就擁有吃苦耐勞的好品質，如果能獲得十次學習的機會，就一定能

夠在公司學習任何技能，勝任不同崗位。

就這樣，五年後，哥哥在公司裡當上了主管，弟弟卻不停地跳槽，始終沒有穩定下來。

是啊，只差一次堅持啊，原本天賦相當、機遇相同的兄弟倆，卻走上了迥然不同的人生之路。

事實上，最偉大的成功就伴隨著最嚴重的危機，一百零一次的成功，就告訴我們它曾有一百次的失敗。

人的一生中，很多事情都因為沒有堅持而距離成功越來越遠。相反，如果做什麼事都能堅持，則距離成功會越來越近。

也許因為你的堅持，會遭到別人的排斥與誹謗；也許因為你的堅持，令自己飽受寂寞與孤獨。但如果再堅持一刻就是成功，那這些都不算什麼。

世間最容易的事是堅持，最難的事也是堅持。說它容易，是因為只要願意做，人人都能做到；說它難，是因為真正能做到的，終究只是少數。正是這種難易之別，決定了人是懶惰者、平庸者還是成功者！不論做什麼事，如不堅持到底、半途而廢，那麼再簡單的事也只能功虧一簣；相反，只要鍥而不捨、持之以恆，再難辦的事情也會迎刃而解。像柏拉圖那樣能堅持住的確實是少數，但也是為數不多的成功者之一。

### 昇華寂寞

凡事貴在堅持。一個人具備了堅強的意志、耐心和恒心，就取得了成功的一半，那麼另一半成功在頑強努力下，也就不難獲得了。「水滴石穿，繩鋸木斷」，小小的水滴經過長年累月便可將石頭滴穿，那麼我們還有什麼事情做不到呢！所以說，堅持就是勝利，堅持一定能勝利！

## 02 善於傾聽的人不寂寞

> 信言不美，美言不信。善者不辯，辯者不善。
> 知者不博，博者不知。聖人不積，既以為人，己愈有；
> 既以與人，己愈多。天之道，利而不害。
> 聖人之道，為而不爭。 ——《道德經》

「造物主」給了我們兩隻耳朵，而只有一張嘴，就是要我們多聽少說。我們不能無休止地吵鬧，無休止地爭執；不能永遠自以為是地「聽我講」，而要耐心地「聽大家說」。傾聽，不僅是對講話者自己尊嚴的維護，也是對聽者的尊重。

學會傾聽就是學會一種美德，一種修養，一種氣度。善於傾聽的人，往往能得到更多的幸福體驗，而那些不善於傾聽的人，其幸福感也就打了折扣。

有一位推銷員，有一次向顧客推薦一種新產品。他熱忱地接待顧客，並詳盡地講解新產品的性能、優點。客人很滿意，說回去後就辦理購買手續。

可是等客人回去後，推銷員卻遲遲等不到回音。正在他急得快要打電話詢問情況的時候，客人打電話來告訴他不買了。眼看就要成交的生意就這樣沒了，推銷員很不甘心。為什麼顧客會突然之間變卦呢？推銷員反覆思考，仍不得其解。他回憶著自己當時說的每一句話，並沒有發現講錯的地方，也沒有冒

犯顧客的地方，就是不知道問題出在哪裡。於是他忍不住給那位顧客撥了電話，詢問原因。

顧客告訴他：「問題就出在最後幾分鐘的談話裡。那天，你並沒有用心聽我說話。就在我提到我最近讀了一本很感興趣的書，問你的意見時，你卻只顧推銷自己的產品，根本不在乎我說什麼。我不願意從一個不尊重我的人手裡買東西！」

原來那位客人最近讀了一本科教書籍，書中提到的新產品對兒子的學習很有幫助，便想買來送給兒子。客人談話中數次提及書和兒子，而推銷員卻一味地強調自己。

這位推銷員恍然大悟。他從此引以為戒，外出推銷不僅只帶著自己的「嘴巴」，更是帶上了自己的「耳朵」。

是的，只要我們熱愛生活，就一定要學會傾聽。那種光顧自己說話不善於傾聽的人，不僅得不到別人的尊重，也得不到別人的認同。

其實很多時候，很多人需要的只是我們能夠微笑著耐心聽完他們的話。也許這份耐心的傾聽，就能令他欣喜若狂，成為他們拋開憂愁、快樂生活的最大動力。

在管理領域，作為一個優秀的領導者，首先應該是一位出色的傾聽者，善於傾聽，才有人樂於向你傾訴；善於傾聽，才能為下屬「解惑」，才能把握下屬心態。

在父母身邊，要傾聽嘮叨絮語。因為那聲聲的囑託裡，飽含著血濃於水的親情。在朋友身邊，要傾聽逆耳之言。因為忠言逆耳利於行，是清醒劑，是治病良方。

在人與人的交往中，傾訴是表達自己，傾聽是瞭解別人，

達到心靈共鳴。當一個人高興的時候，我們要學會傾聽。傾聽快樂的理由，分享快樂的心情。當一個人悲傷的時候，我們要學會傾聽，傾聽他內心的苦處，為其淡化悲傷，化解痛苦，分憂解難……所以善於傾聽的人不寂寞。

傾聽是一種技巧，聽別人說話，首先要看著對方的眼睛，不東張西望；要面帶微笑，表情隨對方談話的內容有相應的變化；要專心致志，不做其他無關的事情；要讓對方把話說完，不中途打斷。當你掌握了這些技巧，會更加有助於你奔向成功。

著名心理學家迪金遜說：「好的傾聽者，用耳聽內容，更用心『聽』情感。」沒錯，正確的傾聽態度是達到最佳傾聽效果的前提。

學會傾聽是每個社會人與他人交往的必備素質，要學會帶著好心情傾聽，多問問對方的情況，同時盡可能地把說話的機會先留給對方，讓對方在快意的宣洩中，釋放情感，排遣煩惱，感受溫暖。快樂是共用資源，是比較容易「傳染」的，一個人在給別人帶來快樂的同時，自己的快樂不但沒有減少，而且會在別人快樂心情的感染下，自己也感受到更多的快樂。

### 昇華寂寞

良好的人際關係的一個重要因素就是學會傾聽。「傾聽」即是細心聽、用心聽。傾聽可以讓彼此的手握得更緊、心靈貼得更近；傾聽讓我們積累了許多難得的經驗，少走許多不必要的彎路；傾聽，讓一個微小的音符，有了神奇的力量；傾聽，讓寂寞的人感受幸福，為平凡的日子陡增許多動人的光彩……

# 03 假如你是對方

任何一種真誠而博大的愛，
都會在現實中得到應有的回報。
在我們進行換位思考的時候，
當我們真誠地考慮到對方的感受和需求，
而多一分理解和婉轉時，意想不到的回報便悄然而至。
這是一種情感守恆定律。

心理學中有一些很有意思的圖片，往往能帶給我們很多欣喜，也帶來很多值得思考的東西。其中一幅圖片是這樣的，圖片正著看，是一隻青蛙瞪著大眼睛、昂著頭、臥坐在水邊的石頭上，水波在青蛙蜷曲的腿下蕩起了「之」字型的水紋。可是如果把畫面按照逆時針轉動九十度，或將頭向右肩歪著看，卻發現了一匹馬的頭部。原來的青蛙眼成了馬的鼻孔，「之」字型的水紋成了馬鬃。還有一幅圖更奇特，正著看是一位滿臉皺紋的老嫗，顛倒過來看卻變成了妙齡少女。

世界就是如此奇妙。很多時候我們會碰到不順心的事，覺得心情鬱悶，很煩惱，那麼換個角度，換個思路，重新考慮一下呢？同一件事，也許你看到的就是天使而不是魔鬼。所以在前面沒有路的時候，在遇到不順心的事的時候，換個角度，你會發現，世界大不一樣。

　　換位思考，就是設身處地為他人著想。在日常的學習和生活中，人與人之間發生矛盾、產生分歧是在所難免的，關鍵是要懂得如何正確對待與解決分歧、矛盾。換位思考，是我們理解他人、避免矛盾的最好方法。如果我們可以換位思考，想想他人的感受，是不是就不會妄加斷言、怪罪於人了呢？如果我們嚴於律己，而不是對別人嚴格，對自己寬容，是不是就會減少生活中一些不必要的摩擦了呢？

　　妻子正在廚房炒菜。丈夫在她旁邊一直嘮叨不停：「慢一點，小心！火太大了。趕快把魚翻過來，油放太多了！」

　　妻子脫口而出：「我懂得怎樣炒菜。」丈夫平靜地答道：「我只是要讓妳知道，我在開車時，妳在旁邊喋喋不休，我的感覺如何……」

　　看了這個故事，你是不是覺得很熟悉，好像是發生在自己身上一樣。其實，生活中由於我們所處的環境不同，想法不同，總會產生這樣那樣的誤解和矛盾。這個時候就需要我們換位思考一下，像那個丈夫對妻子說的那樣，設身處地地為他人想想，己所不欲，勿施於人。

　　換位思考的實質，就是理解他人。儘量去發現別人的優點，然後去記住他們的這些優點，不管這優點是大是小，只要你願意去發現，那麼在你發現別人的缺點的時候，你自然會聯想到他的優點。

　　一對夫婦坐長途車外出，走到一半的時候，突然想起忘了一件十分重要的東西，需要回家去拿，便在中途下了車。

　　後來，聽說這輛車沒走多遠，便遭遇了車禍，車上的其他

乘客全部喪了命。女人說：「我們真幸運，中途下了車。」男人說：「不，是由於我們下車耽誤的時間，那輛車才出車禍。不然那輛車或許不會出車禍。」

看來，看法不同，得出的結論是那麼不同。換位思考是人對人的一種心理體驗過程。將心比心，是達成理解不可缺少的心理機制。它客觀上要求我們將自己的內心世界，如情感體驗、思維方式等與對方聯繫起來，站在對方的立場上體驗和思考問題，從而與對方在情感上實現溝通，為增進理解奠定基礎。

換位思考是人類經過長期博弈付出慘重的代價後，總結出的黃金法則。沒有人是一座孤島，社會是一個利益共同體。我們不能用自己的左手去傷右手，我們是同一棵樹上的葉和果。克魯泡特金在《互助論》中證明：只有互助性強的生物群才能生存，對人類而言，換位思考是互助的前提。

換位思考還是基本的道德教諭，是人類社會得以存在和發展的重要法則。古往今來，從孔子的「己所不欲，勿施於人」到《馬太福音》中的「你們希望別人怎樣待你，你們也要怎樣待別人」，不同地域、不同種族、不同宗教、不同文化的人們，說著大意相同的話。

換位思考，還是自我學習的好方法。也就是為人處事，站在對方的立場上來全面考慮問題，這樣比較客觀公正，可防止主觀片面；對人要求就不會苛刻，容易產生寬容態度；對自己能將心比心，做到知足常樂。

學會換位思考吧，這樣可以讓我們學會變通，解決常規性

思維下難以解決的事情。我們還可以通過換位思考，瞭解別人的心理需求，欣賞他人的優點。通過換位思考，上司可以得到下屬的擁護；通過換位思考，下屬可以得到上級的器重……

 **昇華寂寞**

　　生活就是萬花筒，每當我們換一個角度，換一次鏡片，我們就能看到不一樣的效果。學會換位思考，從不同的角度看待生活，讓生活更加多彩；學會換位思考，把我當成你，把你當成我，再思考一下彼此的感受，就能達到雙贏的目的。這樣社會才會更和諧，人與人之間的矛盾才能淡化消失。

## 04 改變自己就可以改變世界

用正確的方式審視自己，

一切都會改變的……如果總是顧影自憐，

孤芳自賞，其結果就是你走不進別人的心裡，

別人也走不進你的心裡。

只要用一種正確的方式審視自己，

生活將變得輕鬆愉快，事業將變得一帆風順，

而且一切都會改變的。

「什麼是生活？生活，就是生下來就得活著。」我們來到

這個世界，歡樂與煩惱無時不在，怎麼活都是一輩子。哲人說過，生活就像一面鏡子，你心裡怎麼看，生活就怎麼表現給你看，你心裡怎麼認為，生活就會變成什麼樣子。所以生活完全由自己改變，改變生活，首先要改變自己。

一九三○年初秋的一天清晨，一個身高只有一百四十五公分的矮個子青年，從位於日本東京目黑區的公園長凳上爬了起來，徒步去上班。他因為拖欠房租，已經在公園的長凳上睡了兩個多月了。他是一家保險公司的推銷員，雖然工作勤奮，但收入少得甚至吃不起中餐，每天還要看盡人們的臉色。

誰也沒有想到，這麼窮困的人，竟然會在日後成為「世界上最偉大的推銷員」之一。他就是原一平。在他最窮困的時候，他曾向一位老和尚推銷保險。

當時，他詳細地向老和尚說明自己的來由後，老和尚平靜地說：「聽完你的介紹之後，絲毫引不起我投保的意願。」老和尚注視原一平良久，接著又說，「人與人之間，像這樣相對而坐的時候，一定要具備一種強烈吸引對方的魅力，如果你做不到這一點，將來就沒什麼前途可言了。」

原一平啞口無言，冷汗直冒。老和尚又說：「年輕人，先努力改造自己吧！你在替別人考慮保險之前，必須先考慮自己，認識自己。只有赤裸裸地注視自己，毫無保留地徹底反省，才能認識自己。」

從此，原一平開始努力認識自己，改善自己，終於成為一代推銷大師。說起成功的經歷，他說：「我們這一代最偉大的發現是人類可以由改變自己而改變生命。」

　　原一平的故事，讓人聯想到英國一位主教的墓誌銘：「少年時意氣風發，躊躇滿志，當時曾幻想改變世界。但當我年紀漸長，經歷增多，發現自己無力改變世界。於是我縮小了範疇，決定先改變我的國度，可這個目的還是太大了。接著我步入了中年，無奈之餘，我將試圖改變的對象鎖定在最密切的家人身上。但天不遂人願，他們個個還是保持原樣。當我漸漸老矣，終於頓悟：我應當先改變自己，用以身作則的方法影響家人。若我能先當家人的模範，也許下一步就能改良我的國度，再以後，我甚至可能改革整個世界。」

　　不錯，只有自己先改變了，身邊的一些人才可能會隨著改變；身邊的一些人改變了，很多人才可能會隨著改變；很多人改變了，更多的人就可能會改變……也就是說，先改變自己，才可能改變世界。

　　路，是人走的；命運，是自己決定的。在這獨一無二的世界裡，我們改變不了世界，但是可以改變自己；改變不了環境，但是可以適應環境；改變不了事實，但是可以改變態度；改變不了過去，但是可以改變現在；控制不了他人，但可以掌握自己；不能預知未來，但可以把握今天；不能樣樣順利，但可以事事順心；不能左右天氣，但可以改變心情；不能改變容貌，但可以展現笑容……如果一切都不能改變，至少你還能改變自己的感受；如果一切都不能控制，至少還能控制自己的風度。

　　生存處世是一件大事情，要想在如今的花花世界中好好地生存下去，就要善於改變自己。改變自己，首先要在觀念上進

行改變。人本身就是自己觀念的產物，有什麼樣的觀念就會有什麼樣的命運。其次，改變自己要付諸行動。行動才能造就人，人的命運就是行動的結果。觀念只有付諸行動，最終才能成為現實。

有的人總是感慨沒有人願意為自己改變，所以自己總是寂寞。其實在這個世界上，能改變和決定我們命運的，只有一個人，這個人就是我們自己。因此要改變命運，首先要改變自己。

**昇華寂寞**

　　世上本無移山術，唯一的方法是把自己移過去。每個人都是一道靚麗的風景線，但世界不會為你而改變，環境也不會主動去適應你。因而我們只能去改變自己，去適應環境，進而取得成功。

## 05 沒有不帶傷的船

水果不僅需要陽光，也需要涼夜。
寒冷的雨水能使其成熟。人的性格陶冶不僅需要歡樂，
也需要考驗和挫折。——美國作家　布萊克

英國薩倫港的國家船舶博物館裡停泊著這樣一艘船：這艘

船一八九四年下水，在大西洋上曾一三八次遭遇冰山，一一六次觸礁，十三次起火，二〇七次被風暴扭斷桅杆，然而它從沒沉沒過。

基於它不可思議的經歷及在保費方面帶來的可觀收益，英國一家保險公司從拍賣市場將它買下並捐給了國家。

而讓這艘船名揚天下的卻是一名來此觀光的律師。當時他剛打輸了一場官司，儘管這不是他的第一次失敗辯護，然而每當遇到這樣的事情，他總有一種負罪感。

當他在薩倫船舶博物館看到這艘船時，忽然有一種想法，為什麼不讓那些遭受挫折的人來參觀這艘船呢？於是他就把這艘船的歷史抄下來，和這艘船的照片一起掛在他的律師事務所裡，每當委託人請他辯護，無論輸贏，他都建議他們去看看這艘船。

這艘傷痕累累的船讓我們知道，大海上航行的船沒有不帶傷的。由此我們可以想到，在社會上拼搏的人們也沒有不遭受挫折與失敗的。芸芸眾生，沒有誰一生都是一帆風順的，都會在人生的道路上遇到大大小小的挫折。而正是這些大大小小的挫折，才譜寫了人生不平凡而又動聽的歌。

愛迪生面對實驗室被炸的挫折，沒有喪失鬥志，而在短短的三週內，成功地發明了留聲機。他從屢次的失敗中總結出了這樣一個經驗：「失敗也是我需要的，它和成功一樣對我有價值，只有在我知道一切做不好的方法以後，我才能知道做好一件事的方法是什麼。」

貝多芬面對雙耳失聰的巨大折磨，絲毫沒有退縮之意，他

說：「我要扼住命運的咽喉。」就這樣，貝多芬創作了舉世聞名的《命運》交響曲。

這些無數的歷史事實和社會實踐證明：挫折幾乎伴隨著人生命的全部過程，它像埋伏在人生旅途中的頑皮鬼，於不經意間絆你一個或大或小的跟頭，使你陷入人生灰色的圈子，從而倍感焦慮，甚至失意彷徨，難以自拔。

《鋼鐵是怎樣煉成的》的作者奧斯特洛夫斯基說得好：「人的生命似洪水在奔騰，不遇著島嶼和暗礁，難以激起美麗的浪花。」雖然我們會屢遭挫折失敗，但只要我們能夠百折不撓地挺住，就能走向成功。這個真理適用於任何人，不管是剛走向社會的學生，還是歷經無數挫折的創業者。

小慧畢業於一所普通的大學，看到一家知名公司招聘銷售部經理的廣告後，她如獲至寶。雖然心裡沒有多少把握，但她仍抱著試試看的態度前往應徵。

由於這家公司待遇豐厚，很有發展前途，一時間應徵者如雲，競爭十分激烈。而這家公司的招聘又非常嚴格，經過一個月的殘酷比拼和反覆淘汰，最後只剩下包括小慧在內的三個人。

最後一輪淘汰開始了，人事部經理請三個人談一次失敗的經歷。小慧談起了自己在大學時有一次補考，引來大家的蔑視。另外兩個人則將自己的優秀成績誇誇其談，而對失敗的經歷避而不談或一句帶過。最後經理讓他們回去等消息。

第二天，小慧收到了公司發來的郵件，大意是因為名額有限，小慧落選了。事先意料到結果的小慧，並未因為落選而感

到難過，反而認為自己因此得到了一次鍛鍊。於是她給人事部回了一封郵件，感謝他們的這次招聘，讓她知道了自己的優勢與不足，並表示自己會繼續努力。

沒想到，小慧的這封郵件發出後，卻接到了人事部經理打來的電話，通知小慧被公司錄用了。小慧報到時，經理告訴她：公司給他們三個人都發了一封婉拒的郵件，而只收到了小慧的回覆，這說明小慧有正視失敗的勇氣和面對挫折的坦然。這樣的人在工作中也會不折不撓地追求成功。

挫折作為一種情緒狀態和一種個人體驗，各人的耐受度是大不相同的。有的人經歷了一次次挫折，仍然能夠堅忍不拔、百折不撓；有的人稍遇挫折便意志消沉、一蹶不振。面對挫折，自強者終會知道這是人生路上必須搬開的絆腳石，更能從中體驗到戰勝困難、超越自我的快樂。正如大作家巴爾扎克的比喻：「挫折就像一塊石頭，對弱者來說是絆腳石，使你停步不前，對強者來說卻是墊腳石，它會讓你站得更高。」

面對挫折，我們不應該有畏懼的心理，而應該心不煩、意不亂地認清自己的弱點和不足，並認真地加以總結和改進。面對挫折，我們要明白，成功是經過多次磨鍊而成的。所以我們應該好好珍惜每次挫折，將之視作生命的饋贈，通過努力，變逆境為順境，變失敗為成功。

**昇華寂寞**

　　挫折，是人一生中絕不可少的一段道路。拿破崙曾說過這樣
一句話：最困難之時，就是離成功不遠之日。人生想要得到歡
樂，就必須能承受痛苦和挫折。這是對人的磨練，也是一個人成
長的必經過程。

# 06 感謝給你挫折的人

天將降大任於斯人也，必先苦其心志，

勞其筋骨，餓其體膚，空乏其身，行拂亂其所為。

——《孟子·告子下》

　　人的一生十有八九不如意，吃虧是常有的事情，這些經歷
會讓人快速成長和成熟，是再好不過的教育。所以我們要感謝
那些給予我們挫折的人，從挫折和打擊中總結經驗教訓，正確
對待，轉逆為順。

　　小華是一家公司的廣告業務員。有則廣告已發佈多日，款
項卻遲遲收不回來。每次電話打過去，不是今天拖明天，就是
明天拖後天。為此，經理對小華是萬般不滿意，甚至當著員工
的面，指責小華工作上的不力。

　　一日，經理又派小華外出催帳，並且說：「如果到月底再

收不回錢，就要扣你的薪水。」這讓小華的自尊心受到了極大打擊。

無奈之下，小華只好再次出門收帳。出門時，竟然變天了。即使變天，小華還是要去。她發誓如果再收不回錢來，就辭職不幹了。站在那家公司辦公大樓的下面，警衛卻說，那家公司搬家了。小華只好再次奔入雨中，找到那家公司的新地址。

當小華站在那家公司門外時，對方老闆有些吃驚，隨後便笑著說：「歡迎參觀我們的新辦公室。支票我已準備好了，本想著明天打電話通知你來，你看，這幾天又是搬家又是招聘，也沒及時給你們通知，實在對不起啊。」說著，將支票平整地夾在支票夾裡遞給小華。他還說，以後他們公司的廣告全交給小華做。這一是因為他被小華冒雨工作的精神所感動，二是因為小華不像其他業務員那樣，整天催款，說過於激烈的話。

事後，小華從心底裡感謝顧客和經理給她的這次挫折，讓她明白了如何更好地做好自己的工作。

一個人不可能保證自己不犯錯，受一些挫折是很正常的。遭遇挫折看起來是件壞事，但同時又可能是好事。人們常說失敗是成功之母，講的就是這個道理。

在成長的道路上，千萬不要因為他人的刁難、白眼、諷刺而沮喪放棄。你大可把它當成你前進的動力，毫不動搖地繼續向前邁進。面對挫折和打擊，應該從中分析真正的原因是什麼，多找自身的原因，而不是一味地埋怨別人對自己有偏見，我們應該從挫折中吸取教訓，找到一種突破的方法。

曾經有一個不幸落水的人，抓著一根浮木在一條很寬的河中間呼救。附近的村民聽到呼救紛紛趕來，帶來了竹竿和繩子，但由於來的村民不會游泳、水面太寬又沒有船而無濟於事。

最後，村民們找來了智者，這位智者幫助村民們解決過許多疑難問題。智者沉思片刻，撿起一塊石頭，朝落水者用力扔去。

大家驚訝萬分，那個人也氣得大叫：「幹什麼？你瘋了？想把我砸到水底嗎？」智者不語，又撿起一塊石頭扔去。這個人狂怒了⋯「等我上岸後，一定給你點顏色瞧瞧。」大家也對智者不滿，心想這個人上岸後對智者動手，他們一定不會阻攔。可是他怎麼才能上岸呢？

智者再次撿起石頭朝那個人扔去，這一次比前兩次更用力，幾乎砸在了落水人的身上。落水的人忍無可忍，感到不上岸出這口惡氣就枉為人。然後他用盡全部力氣，一手抱著浮木，一手用力地向岸邊划去。最後，他成功了，游上了岸。

「那傢伙哪去了？」他氣憤地問。這時大家才發現智者不見了。「如果碰到他我一定揍扁他！」「可是，只有他才是真正幫助你的人呀。因為他激怒了你，你才發揮出潛在的能力上了岸，不是嗎？」有人說道。

這個人想了想說：「是啊，你們的好意和同情並沒有幫上忙，是他的刺激才讓我不遺餘力地擺脫了困境，他真不愧為一個智者，我該好好謝謝他。」

其實挫折是一把雙刃劍，最後沉淪還是奮起，要看你握住

了刃還是握住了柄。在生活中，不可能一帆風順。總會有人對你指手畫腳、說三道四。其實他們都是你的恩人，你要學會感謝他人，是他們讓你知道了社會的生存環境是如此的惡劣，也是他們讓你增加了寶貴的經驗。

如果世界上只有一件事比遭受挫折還要糟糕，那就是從來不曾遭受挫折。因為當一個人遭受挫折時，他的潛能才會被激發出來。而且唯有此時，他才能越挫越勇，逼迫自己去突破現狀，突破一個又一個瓶頸，走上成功的道路。

### 昇華寂寞

與人交往，知恩報恩，是為人處世的基本原則。有些人看似沒有幫你什麼，甚至還幫了你的倒忙，讓你受到了挫折，其實從另外一個角度看則是幫了你。你應該感謝這些傷害過你的人，是他們讓你摔倒了就知道馬上爬起來。感謝他們，你的心情會舒暢愉悅許多，也會看開許多事情，拋棄許多煩惱，從而得到更多人的理解、信任、尊重！

## 07 克服自卑，戰勝自己

只要消除了自卑感，充滿信心地進行努力，
你就能克服一切障礙，適應任何環境！

　　自卑是一種消極的自我評價或自我意識。一個自卑的人，往往過低評價自己的形象、能力和品質，總是拿自己的弱點和別人的強處比，覺得自己事事不如人，在人前自慚形穢，從而喪失自信，悲觀失望，不思進取，甚至沉淪。

　　其實自卑感人人都有。美國著名的成人教育學專家卡內基發現，世界上根本就不存在生來就膽怯、害羞、臉紅的人。這些心理的異常現象，都說明人在後天的成長過程中因某種經歷誘發生成的。既然是後天形成，就說明能克服。卡內基還說：「世界上沒有一點都不膽怯、害羞和臉紅的人，包括我自己。人人都有，只是程度不同、持續的時間長短而已。」

　　有個叫美麗的小女孩，可是她卻一點兒也不美麗，生下來就是一個下肢畸形的嬰兒，不得不做幾次手術。手術後，小美麗成了高位截肢的殘障人士。這時候她還不足五歲，擺在她面前的將是多麼艱難的人生道路呀！

　　可是事實卻出乎所有人的意料。許多年以後，出現在人們面前的小美麗，竟是一個性格活潑、開朗樂觀、頑強進取的美少女。因為美麗從不把自己看成是殘障人士，也從不感到自

卑。她在家人的幫助下裝上了義肢，不僅在生活上努力做到自理，而且還和其他健全的孩子一樣，自己上學、逛公園、攀高梯、溜滑板。

對於未來，美麗有許多美好的幻想，她想當一個歌星，還想當攝影師，當教師。她想把世間所有的美麗，通過自己的努力展現給所有人。總之，在她的生活中，充滿了美好的希望，看不到絲毫的自卑和怯懦。

美麗的故事說明：一個人只有戰勝自卑、超越自卑，才會有自信，才能將世間所有不美好的事物變得閃亮奪目。

然而許多身體、心理健全的人，卻因為自卑將自己束縛了起來。在一所全國有名的大學校園裡，有一位佼佼者。不管是學習成績還是專業知識，他都名列前茅。

但是他生性膽怯，害怕與陌生人打交道，開口講話就臉紅。在學校的社交活動中，他總是感到不自在。

畢業後，在找工作的過程中，許多不如他的同學都紛紛找到了工作，他的專業和資歷雖然不比人差，但卻因為「膽怯、害羞」，沒有公司願意錄用他，後來他不得不求助於心理醫生。

其實膽怯、害羞和臉紅，就是心理緊張的表現。心理學家告訴我們：膽怯、害羞和臉紅的人，往往對於人際關係格外敏感，也就是通常說的「臉皮太薄」。從心理學上講，這類人太在意別人對自己怎麼看，而對自己缺少應有的自信，不敢當眾表達自己的感受，不僅自己活得很累，也讓別人感到不舒服。

要想克服膽怯、害羞的不良表現，首先要改變心態，然後

再進行必要的心理訓練。

第一，我們要全面瞭解自己，正確評價自己，將自己的興趣、能力和特長列出來，發現自己身上的優點，而對自己身上的缺點，不要看得過於嚴重，應將注意力和精力轉移到自己最感興趣、最擅長的事情上去，從中獲得樂趣與成就感，從而緩解心理壓力和緊張，驅散自卑的陰影。

第二，可以通過心理醫生的幫助，分析找出導致自卑心態的原因，從根本上瓦解自卑情結。

第三，要用行動證明自己的能力與價值。有人需要你，你就有價值；你能做事，你就有價值。因此你可以選擇一件自己最有把握的事情去做，做成之後，再去找下一個目標。這樣，每一次成功都能增強你的自信心。

第四，要多看看自己最滿意的照片。一個人看到具有紀念價值的物品時，往往會產生無限的聯想。比如當你看到獎狀、獎盃時，便會回憶起從前獲得勝利時的一幕幕情景，而照片則更能喚起對往事的回憶。消極自卑的人不妨隨身帶著自己最得意的照片，當情緒低落時，它能有效地調節你的心情，照片上生動的臉、飛揚的神采和洋溢的喜悅，對你來說無異是一種振奮劑。它能明確地提醒你，你能以一種光彩照人的形象出現。

**昇華寂寞**

人人都能忍受災難和不幸，並能戰勝它們。也許有人不相信自己能辦得到，可是人類存在著驚人的內在源泉。只要我們加以利用，便能引領我們度過難關。自卑是人衝出逆境的絆腳石，只有跨越這塊石頭，自卑者才能集中精力和鬥志去從事自己的事業，開始一種新的生活。

## 08 克制自己，才有收益

每一次克制自己，
就意味著比以前更強大了。——高爾基

在生活中，我們常常會遇到這樣的問題：今天計畫做某件事，但早上醒後，因昨晚休息得太晚太困倦，而思考是否義無反顧地披衣下床；遠行時，因身體乏力考慮是否要停止旅行的計畫；正在做的一件事遇到了極大的、難以克服的困難，考慮是繼續做呢，還是停下來等等看……

諸如此類的問題，若在紙面上回答，答案一目瞭然，但若放在現實中，自己拷問自己，恐怕就不會回答得太乾脆了。因此有人說人生在世，最難的就是克制自己。

一家企業需要招聘一名會計，他在招聘廣告中這樣說：「招聘一個能自我克制的人士。月薪三萬元，合適的還有績效

獎金。」

招聘廣告打出後，先後有上百名求職者前來應徵，而每位應徵者都要經過一個特殊的考驗。小桃也來應徵，她忐忑地等待著，終於到她出場了。

「能把這一段文章一刻不停地打下來嗎？」老闆給了小桃一本書，書中有篇朱自清的文章。

「可以，老闆。」小桃回答道。「很好，跟我來。」老闆把小桃帶到辦公室，然後把書送到小桃手上，上面印著小桃答應不停頓地打完的那篇文章。

打字剛一開始，老闆就拿出了兩個鳥籠，每個鳥籠裡有兩隻鸚鵡，老闆不停地逗著鸚鵡說話。這太過分了，許多應徵者都因受不了誘惑，要看看這兩隻美麗的鸚鵡，視線離開了打印的文章，因此被淘汰。但是小桃始終沒有忘記自己的角色，克制住自己的慾望，一口氣打完了文章。

老闆很高興，他問小桃：「你在打印文章的時候沒有聽到鸚鵡說話嗎？」

小桃答道：「聽到了，老闆。」「那為什麼你看都不看它一眼呢？」「因為我告訴過你，我要不停頓地打完這篇文章。」「你總是遵守諾言嗎？」

「是的，我總是讓自己努力做到最好，老闆。」老闆高興地說：「你就是我要聘用的人。」

小桃的克制換來了一份合適的工作，這是理性的，也是划算的。

克制，是一個人毅力與意志的抗爭，是心靈與肉體重構的

和諧，是信念與生活、生存與挑戰的昇華。有人自甘墮落，不求上進，宣稱無法抑己；有人以難以克制，推脫其咎，縱容自己……凡此種種，歸就其一，都是個人行為，最終還需要我們自己來解決。推脫、沉淪只會使自己越陷越深，眾叛親離，被道義和輿論所淹沒。

梵谷在成為畫家之前，曾在一個礦區當過牧師。有一次，他與礦工們一起下井。昇降機內，顫動的鐵索在隆隆作響，箱板在不停地左右搖晃，所有的人都戰戰兢兢，任憑這台機器將他們送入深不見底的黑洞。梵谷非常恐懼，但他卻注意到一位老礦工神態自若。事後，他悄悄問那位老礦工：「你是不是已經習慣了？」那位老礦工說：「不，我永遠不會習慣，永遠都害怕，只不過我學會了克制！」

克制自己，是熱愛生命、尊重他人的表現之一，是敢於承擔責任和義務，拒絕誘惑的一種勇氣。它需要我們擁有一顆博愛之心，在矛盾中苦心經營，平衡一份躁動，在安逸享樂中抑止一種浮華，在追求創新的進程中居安思危……

在我們的生活中，總會有這樣那樣的不如意，人們也總會有各種各樣的煩惱和焦慮，但是當你和身邊的同學、朋友發生矛盾摩擦的時候，不妨想想如何克制自己：你要學會保持平和的心態，注意調整自己，不要無謂地傷害別人的感情，與其在別人的心靈上釘釘子，不如種上鮮花。

一個我行我素的人，是難以在某一領域取得突破的。因此必須要約束自己、制約自己。比爾‧蓋茲深刻地說：「我們唯一能控制的便是我們的頭腦，如果我們不能控制它的話，別的

力量就會來左右它了⋯⋯」一個人若不能控制自己的頭腦，總被各種思想干擾、左右的話，這樣的頭腦就成了大雜燴。

**昇華寂寞**

　　堅持自己該做的事情，是一種勇氣。限制自己需要頑強的意志和毅力，是一個逐步積累的過程。要從調節自己的情緒起步，克制自己，久而久之，總會結出豐碩的果實。

## 09 低調是一種智慧

把自己當作泥土吧！老是把自己當作珍珠，
就時時有被埋沒的痛苦。
　　　　　——魯　藜

　　在這個追求轟轟烈烈的時代，張揚的表露似乎成為一種時尚。其實縱觀古今，那些經得住歷史沉澱、取得成功的人，更多秉持的是一種低調的處世原則。

　　何謂「低調」？低調就是用平和的心態看待世間的一切，保持一顆平凡的心，不被外界所左右。有這樣一副對聯，不但寫得十分有趣，而且道出了低調的真諦——上聯是「做雜事兼雜學當雜家雜七雜八尤有趣」，下聯是「先爬行後爬坡再爬山爬來爬去終登頂」，橫批是「低調做人」。

　　低調是一種古老的智慧。從老子、莊子開始，就有崇高的處事境界。「上善若水。水善利萬物而不爭，處眾人之所惡，故幾於道。……夫唯不爭，故無尤。」在古人看來，低調處事就是一種樸素渾圓，是人的一種優秀品質。所以古人主張：「有才者如渾金璞玉。」就是說有才能的人要像未經冶煉的金和未經琢磨的玉一樣樸實渾厚。

　　美國開國元勳之一的佛蘭克林，年輕時去一位老前輩家中做客，昂首挺胸走進一座低矮的小茅屋，一進門，「嘭」的一聲，他的額頭撞在門框上，青腫了一大塊。

　　老前輩笑著出來迎接說：「很痛吧？你知道嗎？這是你今天來拜訪我最大的收穫。一個人要想洞明世事，練達人情，就必須時刻記住低頭。」佛蘭克林記住了，也就成功了。

　　在現實生活中，確有一些人能夠像佛蘭克林一樣低調處世。一些成功的企業家，不願接受媒體的採訪，謝絕文人為他寫發家史，而是腳踏實地、不事張揚地實施新的計畫，爭取更大的成功；一些優秀作家不屑於炒作，不願做文化明星，而是埋頭寫新的作品，努力在創作上超越自我；一些科學研究工作者，不因取得了顯著的成就而自滿自誇，到處宣傳，而是為完成新的科學研究專案，一如既往地奮鬥在實驗室裡……低調處世，使他們得以避免外界的干擾，專心於自己的事業，從而取得更大的成就，同時更加受到世人的敬重。

　　著名商界大鱷李嘉誠，曾為自己剛剛步入商界的兒子李澤楷開出了這樣一條訓詞：「樹大招風，低調做人。」可見低調做人是常人的處事法則，同時也是成功人士的做人訓誡。

大家都知道勞斯萊斯是好車，其實好車還有賓利、邁巴赫。賓利和邁巴赫在外觀上非常一般，普通人根本看不出來其與一般車有什麼不一樣！但它們的內飾特別奢華，這是專門給有錢但又不願太張揚的人使用的！還有很多人都知道勞力士手錶，但很少有人知道百達翡麗。同樣，百達翡麗手錶的外觀也非常普通，根本看不出它有什麼與眾不同，但它確實是世界第一的手錶，同樣是為那些有錢但不願張揚的人士訂做的！

西塞羅有言：「當我們走鴻運事事如願以償時，切不可忘乎所以，盛氣凌人。因為成功時趾高氣揚與遭厄運時悲觀喪氣，都是一種淺薄和脆弱的表現。而在任何情況下都保持一種平靜的心情、恒定的態度和同樣的面孔，則是一件好事。」後一句話，與我們今天所說的低調處世的意思大致相同。看來，這位西方哲人二百多年前說的話，對於今天的成功人士而言，仍然是很好的忠告。

可見，低調做人不僅可以保護自己，使自己與他人和諧相處，患難與共，更能使自己暗蓄力量、悄然潛行，在不顯山露水之中成就偉業。

那麼如何做事才算低調？保持低調就是要學會藏拙，不要自以為滿腹才華，就忘乎所以，即使你的本領確有過人之處，也要保持內斂。掌握低調的智慧，要學會在行為上低調，財大不可氣粗，居高不可自傲；在心態上要低調，不要鋒芒畢露，不要恃才傲物；在姿態上要低調，大智若愚，懂得讓步；在言辭上要低調，說話時莫逞一時口頭之快，不可傷害他人自尊，不要揭人傷疤，得意而不忘形。

掌握了低調的智慧，你便能在工作、生活中達到和諧，事業上步入輝煌。

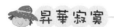 **昇華寂寞**

俗話說得好：「地低成海，人低成王。」懂得低調，才能儘量少地捲入是非，避免無謂的紛爭，然後不動聲色地做好自己該做的事情。低調做人是做人成熟的標誌，是為人處世的一種基本素質，是一個人成就大業的基礎，也是有效保護自己的一種手段。

## 10 信念是一粒種子

寧肯孑然而自豪地獨守信念，
也莫不辨是非地隨波逐流。——邱吉爾

「這個世界上，沒有人能夠使你倒下。如果你自己的信念還站立著的話。」這是著名的黑人領袖馬丁‧路德‧金的名言。無論我們遇到多大的困難，也不要熄滅心中信念的火把。

曾經聽說過一個關於種子的故事。

在南方的一個小城裡，為了進行舊城改造，需要拆除許多陳舊的樓房。由於種種原因，改造久久沒有動工，搬遷已空的樓房在那裡任憑日曬雨淋。

等工程隊到達這裡的時候，他們驚奇地發現一所樓房的頂部，竟長出了幾棵野花野草。更為奇怪的是，其中有一些花草只有在北方才有。

後來一些老住戶揭開了這些花草在南方生長的謎底。原來小城是一個鋼鐵小城，建設的時候，從北方來了大批的志工。這些志工在這裡安家的時候，有的帶來了家鄉的泥土，大概這些花草的種子就是那個時候混在泥土裡被帶到這裡的。

它們被壓在沉重的石頭磚瓦之下，一年又一年，幾乎已經完全喪失了生存的機會。

但令人感到意外的是一旦它們見到陽光與雨露，就立即恢復了勃勃生機，綻開一朵朵美麗的鮮花。

小小的種子真令人驚歎，它們是如此的柔弱卻又如此堅韌，即使在沉重的磚瓦下壓上數百年，它們依然能夠保持自己鮮活的生命。那麼一個人呢？當人們處於困境時，又當如何呢？是心灰意冷、萎靡不振，還是信念不滅、蓄勢待發呢？

我想，大多數人都會選擇後者。因為只要心中懷著一粒信念的種子，無論遭受多少艱辛，經歷多少苦難，總有一天會走出困境，讓生命開出最絢爛的花朵。

事實上，人生從來沒有真正的絕境。只要信念在，希望就在。有了信念，人們的精神就有了寄託，行動也有了意義，這樣的生命體自會燃燒出勇氣和希望。

有一個女孩在一家棉紡公司做擋車工。每個人都知道，擋車工沒有什麼技術可言，是個體力工作，每天的工作就是跑來跑去，接完一個線頭，還有一個線頭。

但是這位女孩有個愛好，就是喜歡文字，偶爾也寫一些文章。她對同事發誓，此生一定至少要完成一部書稿。

同事對她的話顯得不以為然，大家都認為，這只是一名擋車工的美好願望罷了。誰知十年過後，這位女孩真的憑著自己的不斷學習和創作，完成了一部書稿，並被一家出版社看中，印製後在全國發行。

看來，信念的力量是驚人的，它可以改變惡劣的現狀，形成令人難以置信的圓滿結局。一個沒有信念或者不堅持信念的人，只能平庸地過一生；而一個堅持自己信念的人，永遠也不會被困難擊倒，即使是一名小小的擋車工，也能圓了自己的作家夢。

信念，往往是一個簡單直接的目標，它從不奢求你太多，它不要金錢、不要名譽，要的只是你的關注、你的堅持不懈，你只需做到始終如一，它便成了力量的最高形式，無往不勝，愈挫愈勇。

蘇軾說過：「古之成大事者，不惟有超世之才，亦必有堅忍不拔之志。」蘇軾的父親——蘇洵從二十七歲時才開始刻苦讀書，最後依然躋身於「唐宋八大家」的行列。憑的是什麼？是信念，是必勝的信念。

當運動員在比賽中，揮灑著汗水的時候，他們的心中念叨的是什麼？是「我要奪冠」的信念。當消防員在大火中穿梭時，他們心中有的不是恐懼，而是「一定要控制火勢，拯救更多的生命」的堅強信念……

信念如磐，生命才有高度。或許我們已經明白，信念是走

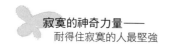
向成功的第一步，缺乏信念就等於放棄成功。守住自己的信念
吧，哪怕它只是秋天的最後一片落葉，哪怕它只是水中一截腐
朽的枯枝，只要你不曾對生活失去信心，生活就不會虧待你。
因為守住了信念，就留住了希望。

### 昇華寂寞

　　一個人失去一隻眼睛和一條健全的腿，是不可怕的，可怕的
是失去了生活的信念和追求的目標。信念是生命的脊樑。一個人
活著，無論外界的環境多麼惡劣，只要心中信念的燈亮著，所有
的絕境和困苦都算不了什麼。

# Chapter 4

## 且容且忍，能得能到

詩人彼普說：「要想得，首先要有忍受失去的氣度。」能忍人所不能忍，方可為人之不能為。所以只有忍得了常人忍不了的寂寞，才能在寂寞裏得到自己想要的東西。

# 01 容忍是一種智慧

笑口常開，笑天下可笑之人；
大肚能忍，忍天下難忍之事。

在非洲大陸，動物一旦被舌蠅叮咬，就可能染上「昏睡病」。科學家研究後發現，舌蠅的視覺很特別，一般只會被顏色一致的大塊面積所吸引。舌蠅從不叮斑馬，是因為斑馬一身黑白相間的斑紋。然而，斑馬身上色彩對比強烈的斑紋，卻使它很容易受到獅子之類的捕食性動物的攻擊。這就意味著在進化的過程中，斑馬的選擇使它冒有更多被獅子吃掉的風險，當然，它也成功地躲掉昏睡病的困擾。這個世界上沒有完美無缺的選擇，這便是人生。

在人生的道路上，如果你選擇了通向成功與輝煌，那麼你很可能就選擇了寂寞。學會容忍，是我們每個人生活中的一件大事，學會容忍寂寞，就是學會了愛自己，整天被不滿、怨恨心理所控制的人，是最痛苦的。

容忍是一種美麗的智慧。尤其生活在這樣一個複雜的社會中，我們更需要容忍，因為只有容忍才會讓自己更加冷靜，從而辨別生活中的真偽。

遠和亮在公司中是要好的朋友。一次，遠在幫亮送文件時，不小心送錯了，使亮在主管面前挨批、受罰。有愛嚼舌根

的同事說遠是故意的，但亮不那麼認為，他說：「我可以忍受主管對我的誤解，但我不能再讓我的朋友忍受我的誤解。我相信遠一定不是故意的。」

遠聽說了亮的話後，非常感動。從此，兩個人的友誼變得更加穩固。試想，我們在現實生活中會遇到多少誤會，我們是否都表現得像故事中的亮一樣冷靜呢？又是否懷有寬恕之心和容忍之心呢？

茫茫人海，芸芸眾生，能夠相遇、相識和相知，的確是一種緣分；能夠由於這樣那樣的原因，生活、工作在一起，更是三生有幸。為什麼非要和自己過不去呢？為什麼非要因別人的一句玩笑話而歇斯底里，為一個小小的玩笑而大動肝火，將一粒芝麻大小的事情當成西瓜來處理呢？

生活中，很多時候我們因為不懂得容忍，在傷害別人尊嚴的同時，也放棄了自己的尊嚴；因為不容忍，與他人之間的矛盾越來越尖銳而水火難容；因為不容忍，自己整天像爐中的烤薯一樣「焦頭爛額」。

如果能靜下心來好好想一想，我們便會發現容忍的好處。

容忍，能與人為善，化解各種不利因素，為己所用。「水至清則無魚，人至察則無徒」，水如果太清澈了，就不會有魚，人如果太認真了，就不會有朋友。做人要有容忍的度量，不要自命清高，要能夠接納世俗乃至醜惡的事物。

容忍並不代表懦弱，忍讓並不是退縮。相反，它是一種做人的最高境界。「小不忍則亂大謀」，在社會這個大家庭裏，有著種種紛爭與矛盾，但或許忍一忍就能化解，無需口角相

爭，更沒有必要大動干戈，這是一種成熟的表現，更是人生的
一大智慧。

「鷹立如睡，虎行似病」，有容忍度量的人看似軟弱，實
則不然。容忍是大智大勇，善於容忍的人，勇於面對複雜的爭
鬥，能夠審時度勢，容忍一切委屈、不平、不公。

我們沒有理由對小小的誤會耿耿於懷，念念不忘，也不應
該因為別人的一丁點錯誤或過失，而小肚雞腸、斤斤計較，反
而應該以理解、寬恕的心態去對待對方。

很多時候因為放棄容忍，而使自己顯得狹隘，甚至固執，
三國時周瑜「機關算盡」而造成「賠了夫人又折兵」。「偷雞
不成又蝕米」，不正是提醒那些成天不學無術、盡耍小聰明算
計別人的人，其所為最終只是一椿賠本生意嗎？

所以要學會容忍那些生活中的不愉快，容忍傷害過我們的
人，當然，還要學會容忍自己。

### 昇華寂寞

容忍是人類社會最崇高的美德，是一種博大胸懷。容忍表面
是退，實意是進，容忍看是矛，實則是盾。容忍別人就是容忍自
己，容忍會營造一種和諧氣氛。適當的容忍可以避禍，是一種有
效的自我保護措施。

# 02 得饒人處且饒人

但行刻薄人皆怨，能布恩施虎亦親。
奉勸人行方便事，得饒人處且饒人。
——明·馮夢龍《醒世恒言》

生活中，常常有一些人凡事總想排第一，占上風，有理爭論，沒理也要爭個「理」，結果鬧個不歡而散。好爭論的人多是好顯示的人，做事比較霸道的人。而那些對小是小非不願爭論的人，多是把出人頭地看得很淡的人。其實，當你有理時表現得謙和一點，往往能顯示出你胸襟之坦蕩、修養之深厚。

人們常說：冤冤相報何時了，得饒人處且饒人。這指做人或者做事情要學會忍讓。自古至今，忍讓被聖賢乃至平民百姓尊奉為做人的準則和信念，成為中華民族傳統美德的一部分，被視為御人律己的一條準則。

戰國時期，藺相如因為「完璧歸趙」有功而被封為上卿。這讓當時的名將廉頗頗為不服，並揚言要當面羞辱藺相如。藺相如得知後，儘量迴避、容讓，不與廉頗發生衝突。藺相如的門客以為他畏懼廉頗，然而藺相如說：「秦國不敢侵略我們趙國，是因為有我和廉將軍。我對廉將軍容忍、退讓，是把國家的危難放在前面，把個人的私仇放在後面啊！」這話被廉頗聽到，就有了廉頗「負荊請罪」的故事。

　　三國時期的蜀國，在諸葛亮去世後任用蔣琬主持朝政。他的屬下有個叫楊儀的，性格孤僻，訥於言語。蔣琬與他說話，他也是只應不答。有人看不慣，在蔣琬面前嘀咕說：「楊儀這人對您如此怠慢，太不像話了！」蔣琬坦然一笑，說：「人嘛，都有各自的脾氣秉性。讓楊儀當面說讚揚我的話，那可不是他的本性；讓他當著眾人的面說我的不是，他會覺得我下不來台。所以他只好不做聲了。其實這正是他為人的可貴之處。」後來有人讚蔣琬「宰相肚裏能撐船」。

　　從這兩件事，我們可以看出，聖賢之所以能夠成為聖賢，與他們的「饒人」善舉密切相關。而這一點，也是值得我們每個人學習和借鑑的。

　　在生活中，我們會不時地觸犯別人，也會不時地被別人觸犯，但隨著時間的推移、閱歷的增長，很多事情都會看開了，矛盾也就自然化解了。得饒人處且饒人，能幫人處多幫人，沒必要為過去的一點恩恩怨怨而「老死不相往來」。

　　俗語說：饒人不是癡漢，癡漢不會饒人。也就是說忍讓別人的過錯、冒犯或失禮的人不是傻子，傻子是不會原諒別人的。傻子是那些得理不饒人、不會原諒別人的人。

　　人與人之間，發生爭執和碰撞都在所難免。一旦有了紛爭，即使認為自己這方在理，也應避免過分地數落、指責對方。人生在世，誰能做到一點毛病和錯誤都沒有呢？所以得饒人處且饒人，在你有理的時候，不要抓住不放，能忍讓就忍讓。忍讓，是大智若愚的表現，並非「窩囊」、「沒用」，而是人格上的完美高尚。

　　所以當別人犯了錯誤或有意無意間冒犯了我們時，我們應該「得饒人處且饒人」，給予他理解、關懷和幫助，幫助他改過自新，那樣世界上便會少了一份怨恨、鬥爭和陷害，而多了一對真心的朋友。

　　古人歷來推崇「饒人」之舉，相傳中的八仙之一純陽子呂洞賓，寫過一首四言《勸世》詩，其中有一句即是「欺人是禍，饒人是福」；宋代的真德秀有《長沙勸耕》絕句十首，其中有一句是：「爭先好勝災偏速，退步饒人福自來。」再有宋代懷深和尚詩云：「饒人福自來，瞞小禍自至。」看起來「饒人」之舉，好處確非一般。

　　有智者說大街上有人罵他，他連頭都不回，他根本不想知道罵他的人是誰。因為人生短暫和寶貴，要做的事情太多，何必為這種令人不愉快的事情浪費時間呢。

　　當然，「饒人」並不是模糊是非、放棄原則的渾渾噩噩，而是在是非分明前提下的忍讓。如果是重大的或重要的是非問題，自然應當不失原則地論個青紅皂白。

### 昇華寂寞

　　俗話說得好：傻人有傻福，吃虧是福！古今中外，凡能成大事者，都具有一種優秀品質，就是忍人所不能忍。所以他們才能立大業、成大事，成就不平凡的人生。

# 03 不要做聰明的傻瓜

大智若愚，大巧若拙，大音希聲，大象無形。
——《老子》

　　人有智愚之分，智愚又有藏在心裏和露在臉上之分。有的人看著聰明，實際上也聰明，像孔明先生，長身玉立，氣宇軒昂，真有經天緯地之才，這叫「大智若智」。有的人看著像個傻子，實際上就是個傻子。這兩種人，一目瞭然。但是值得我們推崇的卻是另外一種人，這種人內心極聰明睿智，臉上卻顯得愚魯木訥，人稱「大智若愚」。

　　若愚，不僅是一種大智慧，而且有時候還是一種自我保護。擁有大智慧的人，通常在人前收斂自己的才華，外表上一幅混混沌沌的樣子，在小事上看起來不如一般人精明，應變能力也好像差一些。但是卻往往在事情的緊要關頭或重大決策上顯現其大智慧。

　　龔遂是漢宣帝時代一名能幹的官吏。當時渤海一帶災害連年，百姓不堪忍受饑餓，紛紛聚眾造反，當地官員鎮壓無效，束手無策，宣帝任命年已七十餘歲的龔遂為渤海太守。

　　龔遂輕車簡從到任，安撫百姓，與民休息，鼓勵農民墾田種桑。經過幾年治理，渤海一帶社會穩定，百姓安居樂業，溫飽有餘，龔遂名聲大振。

　　於是漢宣帝召他還朝，他有一個屬吏王先生，請求隨他一同去長安，說：「我對你會有好處的！」其他屬吏卻不同意，說：「這個人一天到晚喝得醉醺醺的，又好說大話，還是別帶他去為好！」龔遂說：「他想去就讓他去吧！」

　　到了長安後，這位王先生還是終日沉溺於美酒，也不見龔遂。可有一天，當他聽說皇帝召見龔遂時，便對看門人說：「去將我的主人叫到我的住處來，我有話要對他說！」

　　龔遂還真來了。王先生問：「天子如果問大人如何治理渤海，大人當如何回答？」

　　龔遂說：「我就說任用賢材，使人各盡其能，嚴格執法，賞罰分明。」

　　王先生連連搖頭道：「不好！不好！這麼說豈不是自誇其功嗎？請大人這麼回答：『這不是微臣的功勞，而是天子的神靈威武所感化！』」

　　龔遂接受了他的建議，按他的話回答了漢宣帝，宣帝果然十分高興，便將龔遂留在身邊。

　　從這個故事中我們可以看出，表面糊塗的人不見得真糊塗，表面上聰明的人也不見得是真聰明，真正有智慧的人是「大智若愚」的人。

　　曾經聽朋友講過一個笑話：一位自認為很聰明的人經常四處賣弄。一日，他為了證明自己的文學修養，便給同事出了這樣一個問題：「『明月幾時有，把酒問青天』是何人的詩句？」同事回答：「蘇東坡。」那人得意洋洋地說：「錯了，是蘇軾，不是蘇東坡！」

　　看完這個笑話，你會不會在心裏說：「這真是一個聰明的傻瓜。」所以說最聰明的人，通常是那些覺得自己最不聰明的。敢於嘲笑自己的人，未必就「弱智」，而自作聰明、不承認自己「弱智」的，倒十有八九真是「弱智」。

　　俗話說的「聰明反被聰明誤」，所指是小聰明。大智若愚，其實是一種潛藏不露的大智慧。大智若愚者，常因外表的愚笨而遭人誤解，受人冷落，因此更深地掩藏自己的感受，加強個人的修養。猶如深海珍珠，無人識得其真正價值而深掩其光芒。

　　但是大智若愚不是故意裝瘋賣傻，不是裝腔作勢，也不是故作深沉，故弄玄虛，而是待人處事的一種方式，一種態度。

　　大智若愚的人，常常笑容滿面，寬厚敦和，平易近人，虛懷若谷，不露鋒，不顯芒，有時甚至顯得有點木訥，有點遲鈍，有點迂腐。若愚者，即似愚也，而非愚也。「若愚」只是一種表象，只是一種策略，而不是真正的愚笨。在若愚的背後，隱含著真正的大智慧、大聰明、大學問。

　　老子說：「大智若愚，大巧若拙，大音希聲，大象無形。」這不但是中華民族的傳統美德，更是一個人成熟、睿智的標誌。所以在職場中，做下屬的最忌諱自表其功，自矜其能，凡是這種人，十有八九要遭到猜忌而沒有好下場。做一個成功的職業人士，特別是到了老闆副手、準接班人等位置的時候，光有「優良」的品德、運籌帷幄的能力和令人信服的業績，還不足以擔此大任，還要懂得「大音希聲」和「無成有終」的道理。

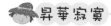 **昇華寂寞**

不做聰明的傻瓜，要在糊塗與清醒之間、糊塗與聰明之間，注意把握應有的分寸。真正有智慧的人從不炫耀自己，只有自作聰明、生怕被人當作傻瓜的人，才會上演一些作繭自縛、引火焚身的鬧劇，也就成了真正的傻瓜。

## 04 忍耐——生存的法則

一忍，可以當百勇；
一靜，可以制百動。

相傳大西洋有一種海蛇，它們總是浮在海面，等待肉食者的靠近。當食肉海洋生物靠近時，它們依然一動不動，甚至開始進攻時，它們仍忍耐著。但是就在獵物開始毫無防範地咬它們時，海蛇便用毒牙向獵物快速咬去。此時此刻，獵物仍全然不知。誰會認為當時被自己咬住的海蛇會是一個忍者殺手呢？

在諸多漢字中，「忍」字最特別。這「忍」字是人心上的一把刀刃呢。如果忍成了習慣，這忍字也就開出了最美的花朵。

娟是一家雜誌社的主編。提起忍耐，她深有感觸。

娟年輕的時候，曾患過一種疑難雜症。當時娟的身體極度虛弱，許多大醫院都對她的病束手無策。然而這對於娟來說，

還不算最壞。因為還有父母和丈夫對她好。

可是就在她與丈夫結婚兩週年紀念日那天，她卻等來了丈夫的情人。那個女人得意洋洋地告訴她：「你的丈夫今晚不會回來了，你也不用等他了。想想看，你的身體這麼差，對他來說只是個累贅，他怎麼還會愛你呢？」

丈夫的背叛，讓娟覺得痛不欲生。那一晚，她等了好久，丈夫始終沒有回來。第二天，她便收拾東西，一個人去旅行了。

在出行的車上，她遇到了一個癌症患者。患者看起來很開朗，一點也不像有病的樣子。患者告訴她：「這世上，沒有什麼是不能忍的。只要能快樂地忍耐，冬天也能開出最美的花朵。」

聽了患者的話後，娟想了很多。後來，娟學會了忍，快樂地忍受疾病，快樂地忍受寂寞。十年後，娟成了一家雜誌社的主編，找到了一位深愛自己的丈夫，連她的病也奇蹟般地好了。

是啊，生命需要快樂的忍耐。相愛需要忍，平常人相處也需要忍，要想在事業上不斷取得成功，更需要忍。因為忍耐是生存的法則。

忍耐不是被動的，而是主動的，是力量集中的體現。能夠忍耐的人，容易實現自己的願望，最令人心悅誠服的力量，往往來自於最簡單的忍耐！莎士比亞感歎：「不能忍耐的人是何等可悲，殊不知任何傷痛都需要一點點地癒合。」

幾乎每一個人在人生旅途上，都要受到命運之神的捉弄，

當你不甘心做命運的奴僕而扼住命運的咽喉時，必須學會忍耐，學會讓所有的痛苦化作忍耐中的拼搏，學會在忍耐中鍥而不捨地追求，而不是在逆境中輕易放棄。

俗話說：「小不忍則亂大謀。」當年西楚霸王項羽自刎於烏江時，他選擇了放棄，他無法忍受一方霸主淪為階下囚的悲涼，於是他選擇了死，這真的是他唯一的出路嗎？同樣是君主，同樣是敗寇，勾踐卻能甘為奴僕伺候夫差。多年的臥薪嘗膽，多年的忍耐，換來了他血洗前恥，滅了吳國。倘若越王勾踐像西楚霸王那樣不能忍耐一時，拔劍自刎，那麼他何以東山再起，何以打敗夫差，又何以創造其輝煌的霸業？

某企業問卷調查表上有一題：你認為一個人最可貴的品質是什麼？下面是選擇題，有包括忍耐、高尚的人格、學習、勤思、執行等等十幾個備選項。結果出來後，選擇的內容五花八門。但是只有企業老闆選擇了「忍耐」。

看來，大凡成功人士，也必須經過一番忍耐吧。忍耐是一種精神，它使前英國首相格萊斯頓把枯燥的佈道當作一種考驗；忍耐是一門哲學，它使諸葛亮有七擒七縱孟獲的包容。我們要學會忍耐，學會在嚴冬中祈禱春天，學會在黑暗中企盼黎明。

但是忍耐並不等於漠不關心，我們可以繼續工作、信任並等待。忍耐，也並非一味地退讓、不反抗。如果這樣，將會變為懦弱。我們的忍耐是在逆境中積蓄力量、等待時機，如無聲的烈焰融化堅冰。

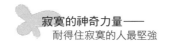

昇華寂寞

「天才，無非是長久的忍耐！努力吧！」這是大文學家福樓拜給莫泊桑的贈言。忍耐是生命經歷苦難後，仍然堅持著的那份不變的執著；忍耐又是意志的磨煉，爆發的積蓄，是用無聲的奮鬥衝破羅網。忍耐使人相信，隱痛必將消失，暴風雨過後的天空會更晴朗。

## 05 有忍才有得

古之成大事者，不惟有超世之才，
亦必有堅忍不拔之志。
——蘇　軾

漫漫人生路上，有太多的不如意，但只要不忘記自己的最終使命，便沒有什麼不能忍受的，即便碰到的是嘲笑，是屈辱，是寂寞。忍得了，便擁有了一種雅量，也擁有了得到成功的能力。

《醒世恒言》中有一則「薛錄事魚服證仙」的故事：薛少府病重後，夢見自己變成了魚，遇到趙幹在潭邊垂釣。薛少府聞到魚餌香甜可口，便思量著將魚餌吃掉。可是當他游過去就要張口吃的時候，心想：「我明明知道他的魚餌上有個鉤子。如果吃了這魚餌，那不是會被他鉤了去？我雖然暫時變成魚

了，難道就沒有地方找吃的，偏偏只吃他釣鉤上的？」

可是他又繞了一圈，還是只聞到那魚餌的香味，好像鑽入他鼻孔裏似的。再加上他肚中饑餓，所以沒有忍住，一口把魚餌含進了口中。結果還沒吞下去，就被趙幹釣上了岸。

看來，一個人要想在這世界上更好地生存，就要學會「忍」。人生的各種境遇，都是我們學習的功課。有人能處順境，卻未必能處逆境。一個人用什麼樣的心態面對自己所處的環境，這就要看他「忍」的功夫做得夠不夠。

生活中，面對不同的環境，不同的對手，有時候採用何種方法應對已不太關鍵，而如何保持好自己的情緒顯得更重要。每個人都有情緒，而情緒是一種很滑溜的東西，有時滑溜得讓人捉摸不到，但是不管怎樣，你都要想辦法將它捏得緊緊的。因為這關係到你能否在社會上遊刃有餘地生存。

古時候有一個很有能耐的人，年紀輕輕便富可敵國。說他有能耐，不如說他能「忍耐」。因為他的能耐全是由忍耐得來的。

這個人曾經是個客棧的店小二。可是即便是店小二的差事，也是他賴著不走得來的。當時，店老闆並沒有招人的打算，這人便對老闆發誓：「只要不趕我走，讓我做什麼都行。」

老闆聽了他的話，覺得這人有意思，便留下了他。為了試探他，老闆給了他一個「刷馬桶」的工作。從此，這人每天要把客棧裏裏外外打掃個遍。從清晨一直做到中午，其間簡單扒口飯，然後接著打掃廁所。

就是趁著「刷馬桶」的機會，他把客棧的管理技巧全給學會了，雖然在學的過程中，遭遇了不少白眼和冷嘲熱諷。他還為老闆想出不少好的經營方法和管理方法，一度讓這家客棧成了全城生意最好的客棧。後來當這位老闆打算不做的時候，就把店轉給了他。從那以後，他正式成了老闆，並逐漸擴展分號，終於達到了富可敵國的程度。

他成功後，有人重提過去那段「刷馬桶」的往事，他不但沒有感到尷尬，而且還告訴大家一個成功的「秘密」，那就是：所謂能耐，就是能夠忍耐。

記得一位先哲說過，一個人無論怎樣學習，都不如他在忍受屈辱時學得迅速、深刻、持久。「忍」的過程中人能學會思考，體驗到順境中無法體會到的東西。它使人更深入地去接觸實際，去瞭解社會，促使人的思想得以昇華，並由此開闢出一條寬廣的成功之路。

有人說忍氣吞聲是懦弱無能的表現。那是因為他沒有看到「忍一時風平浪靜，退一步海闊天空」的大智。

忍，不是怯懦，不是退縮，而是一種大智慧的勇敢。大丈夫當頂天立地，怎可俯人胯下？但是韓信做到了。面對淮陰街痞之羞辱，韓信在「孰視之」後屈身俯出胯下，終成漢代名將。他不是畏懼，不是膽怯，而是為了以後名揚天下而忍辱俯行。「忍」，造就了一代名將，彰顯了大智慧的風範。

忍，不是貪生怕死，而是一種奇蹟的孕育。面對令肉體和精神以及令自己和親友都極為痛苦的刑罰——宮刑，司馬遷選擇了受刑忍辱，終於完成了「史家之絕唱，無韻之離騷」的千

古名著──《史記》。

但是忍耐並非是件很容易做到的事，忍耐必須接受意志的磨煉、爆發力的積蓄，是無聲的奮鬥，是信仰的堅定不移；是無形的守候，也是凱歌唱徹前的等待；是黎明前的黑暗，是暗夜裏豎直的耳朵，是倔強的心靈在熬煉中的溫暖。

**昇華賞實**

「人的最終敵人是自己」，能否管住自己，戰勝自我，是人生成敗的關鍵。忍耐體現的是自信與拼搏。忍耐是鍥而不捨的追求，是清醒中的毅然決然，是深刻地思想著、感受著的人生。

## 06 容忍是一種強大的力量

容忍是一種強大的力量，它足以使人們克服任務困難，
即使一路跌跌撞撞，也能順利成功。

現今社會競爭越來越激烈，學會容忍已成為必學的一門「生活基礎課」。因為容忍是一種強大的力量，它能使我們默不作聲地乘風破浪，能使我們默默有力地開拓創新、飛黃騰達。不能容忍的人，只能以仰望的姿態，看別人成功。

有一位年輕人，畢業後到一家證券公司上班。上班的第一

天，主管要求他在限定時間內，將一份文件從他們所在的一樓辦公室送到六樓主管處。

由於這家證券公司沒有電梯，他只好拿著文件，快步登上六層樓梯。當他氣喘吁吁、滿頭大汗地登上六樓後，主管只在文件上簽下了自己的名字，又讓他送回去。於是他又快步走下樓梯，把文件交給一樓的主管。誰知，一樓的主管在文件上簽下自己的名字後，又讓他反覆做同一工作。

一天內，主管讓他連續跑上跑下十次。最後，當他把文件再次交給一樓的主管時，主管讓他去倒杯水。這時，他終於忍不住了，憤怒地擦了擦滿臉的汗水，「啪」地一聲把文件扔在主管的桌子上，說：「我不幹了。」

這時主管站起身來，直視他說：「你可以走了。不過，看在你連續完成十次的份上我可以告訴你，剛才讓你做的這些，只是為了測試你的承受能力。因為證券工作者必須具備極強的承受力。你的承受力不錯，可惜只差那麼一點點，你就可以喝到甘甜的水了。現在，你可以走了。」

容忍，需要我們好好把持，需要我們靜靜支撐，就像這個年輕人一樣，要嘛忍得了，留下；要嘛忍不了，離開。事實上，對待命運也有兩條道路，一是退卻，對奮鬥目標用心不專、左右搖擺，對工作總是尋找遁詞、懈怠逃避，那註定是失敗；二是勇敢地面對，用堅定和執著竭盡全力地達成自己的目標，然後才是成功。

在每個人的成長過程中，總要經歷各種各樣的磨煉，忍耐也是其中的一種。忍耐是一種強大的力量，能夠吃苦耐勞、忍

饑挨餓，能夠在惡劣的環境下生存的人，才能戰勝敵人，壯大
自己。忍耐，大多數時候是痛苦的，因為忍耐壓抑了人性。但
是成功往往就是在你忍耐了常人所無法承受的痛苦之後，才出
現在你面前。

拳王阿里在他三十三歲的時候，和他的對手弗雷澤進行了
一次世紀較量。當比賽進行到第十四回合的時候，阿里已經筋
疲力盡了，沒有絲毫的力氣再應戰下去了。可是他仍然靠著頑
強的毅力堅持著，因為他知道，對方和自己一樣，體能到達了
極限，只要自己咬牙堅持下去，那麼最後的勝利就一定是屬於
自己的。

於是他始終保持著堅毅、冷酷的表情，像野獸一樣盯著弗
雷澤，令弗雷澤不寒而慄。果然，在第十五回合中，弗雷澤再
也堅持不下去了，當他認輸的那一刻，卻發現阿里已經無力地
跪倒在擂臺上，頓時如遭雷擊，抱憾終生。

看來，忍耐的力量是多麼強大。我們有理由相信，即使是
一個才華一般的人，只要在某一特定的時間段內，全心地投
入，不屈不撓地完成某一項工作，就一定會取得成功。成功來
自一般的工作方法和特別的能容、能忍。成功就是在一定時期
不遺餘力地做一件事，道理就是如此的簡單。

但是忍耐不是消沉。忍耐是等待「爆發」之前「累積」的
過程。只要是金子，總有一天會發光的；只要你不斷地努力，
好好地忍耐著，總有一天你也會「發光」。可有一些人忍耐不
住，提前就「爆發」了，這樣往往會前功盡棄。

學會忍耐，不是叫你凡事都低三下四、忍氣吞聲地做懦

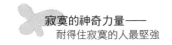
夫，而是叫你凡事都要三思而行，虛懷若谷地做強者；不是叫你凡事都袖手旁觀，指桑罵槐地做看客，而是叫你凡事都要量力而行，謙虛謹慎地做俠客；不是叫你凡事都無理取鬧，橫行霸道地做惡人，而是叫你凡事都要得理讓人，寬以待人地做善人。

### 昇華寂寞

百忍成鋼。人生就像一個磨刀的過程，忍耐好比磨刀石，當忍耐達到不以物喜、不以己悲的境界時，千錘百煉的刀也就磨成了。忍耐不是弱者的音符，它是強者的形象，是一個人對理想、目標追求的具體表現。忍耐，需要耐得住寂寞，抵抗得住各種誘惑，對理想、信念永遠不動搖。這樣，忍耐才能與成功相伴到永遠。

## 07 壓力忍成動力

井無壓力不出油，人無壓力輕飄飄。
──王進喜

「莫道山歌不是歌，莫說溪水不是河。」在人生的道路上，只要能將壓力忍成動力，便能將山歌唱響，將溪水匯成海洋。

在小城裏，最好的理髮店當屬「美剪」了。名字雖然俗，規模不算最大，但顧客最多，生意最好。理髮店的老闆娘叫英子，人們都稱讚她「能幹」。對於這樣的評價，英子是始料不及的。當初「開店」，哪裡想到這些？對於她來說，完全是「逼上梁山」。

那是五年前，她的丈夫得了重病，女兒正上高中，正是需要大量用錢的時候，家中的經濟卻是「赤字」。怎麼辦？她想到自己有個特長，就是設計髮型。

為了家庭，她毅然從原來的公司辭了職，應聘到一家理髮店，為人設計髮型，以度家用。開始時，每個月只拿固定的薪水。後來，她自己開了一家理髮店，並逐漸擴大規模。幾年下來，她談不上賺得盆滿缽滿，但解決了經濟上的燃眉之急。

從英子的故事中，我們得出一個經驗：忍一忍，成功就在你的腳下。讓壓力變成衝向終點的動力，就會成功。

海倫‧凱勒也是一個很好的例子。她在一歲多的時候，因為生病，從此眼睛看不見，並且又聾又啞了。當她把失明當作一項壓力的時候，脾氣變得非常暴躁，不能真正面對生活。

為此，她家人請來一位很有耐心的家庭教師。海倫在她的薰陶和教育下，把壓力化作了動力，她利用僅有的觸覺、味覺和嗅覺來認識周圍的環境，努力充實自己。一九〇三年，她的第一本著作《我的一生》出版，立即轟動了全美國。

生活中，也有很多變壓力為動力的鮮活事例。一個過河之人，欲涉水過河。於是他先將自己的鞋脫下來丟到河對岸，再下水過河。先將鞋子丟到對岸，是為了逼出自己的潛力，迫使

自己必須走過河去。

在巨大壓力下，人往往能激發出自己最大的潛力。人的一生會有各種各樣的壓力，於是內心總經受著煎熬，但這才是真實的人生。確實，沒有壓力就會輕飄飄的，沒有壓力就難有作為。選擇壓力，堅持往前衝，自己就能成就自己。

著名心理學家貝弗里奇說得好：「人們最出色的工作，往往是在處於逆境的情況下做出的。思想上的壓力，甚至肉體上的痛苦，都可能成為精神上的興奮劑。很多傑出的偉人，都曾遭受過心理上的打擊及形形色色的困難。」他還指出：「忍受壓力而不氣餒，是最終成功的要素。」

有很好的抵抗壓力的能力，不怕挫折，是成功者的性格，也是創造成功必修的一課。當壓力來臨時，應該想到是「摘取成功之果」的機會降臨了。當生活的重擔壓得我們喘不過氣，挫折、困難堵住了四面八方的通道時，我們要學會忍受。因為這時我們往往能發揮自己意想不到的潛能，殺出重圍，開闢出一條活路來。在耽於安逸、貪圖享樂或是志得意滿、維持功名的時候，反倒容易陰溝裏翻船，弄得一敗塗地，不可收拾！

有一句諺語：「沙之未成為石，缺乏的是壓力。」由此看來，壓力並非全是壞事。美國前總統甘迺迪也說過：「重大的壓力，將會產生出偉大的人物和偉大的英雄行為。」當我們真正做到了變壓力為動力，你肯定會由衷地說：「壓力，真好！」

昇華寂寞

對許多人來講，壓力是一個令人頭疼的負擔。在他們看來，壓力是一種長期的、影響深遠的威脅。但是只要我們能忍受住壓力，積極地對待壓力，並利用它來加強自己的決心，勇敢地迎接它、戰勝它，那麼壓力就成了挑戰一切的動力。

## 08 有理也要讓三分

人情反覆，世路崎嶇。行不去處，
須知退一步之法；行得去處，務加讓三分之功。
——洪應明

現實生活中，有不少衝突都是由於一方或雙方糾纏不清或得理不讓人，一定要小事大鬧，爭個勝負，結果矛盾越鬧越大，事情越搞越僵。這時「有理也要讓三分」，不失為一種成功的處世方式。

有兩個鄰居為了一件小事吵得不可開交，誰也不肯讓誰。聽說有位智者最為公道，兩人便吵著來到智者的面前。

鄰居甲怒氣衝衝地敘述了事情的經過。智者在靜心聽完他的話之後，鄭重其事地對他說：「你是對的！」於是鄰居乙看不過去了，也連忙陳述了自己的看法。之後，智者仍鄭重其事地對他說：「你是對的。」

「兩個人都是對的，難道是你不對？」在一旁看熱鬧的人不解地問智者。智者聽到之後，不但一點也不生氣，反而微笑地對他說：「你是對的！」

兩個鄰居這時才清醒過來，彼此向對方道了歉，並拜謝了智者。其實生活中常常會發生我們與人意見相左的事情。這時我們就要像那位智者那樣，以一顆善解人意的心對待別人，凡事以「你是對的」來先為別人考慮，那麼很多不必要的衝突和爭執也就可以避免了。

現實生活中，有些人喜歡說別人的笑話，討人家的便宜，雖是玩笑，也絕不肯以自己吃虧而告終；有些人喜歡爭辯，有理要爭理，沒理也要爭三分；有些人不論國家大事，還是日常生活小事，一見對方有破綻，就死死抓住不放，非要讓對方敗下陣來不可。這些人喜歡大呼小叫，見高拜、見低踩，小事要化大，令人煩不勝煩。

對於這類人，怎麼辦才好？當他因某事大發雷霆時，你只靜默便好。如果有人詢問你的意見，你只需淡淡地說：「事情始末我不清楚，不敢妄下斷語。」茶餘飯後，有人提及，你同樣只做聽眾，切莫提意見。這樣來者不會怪你，連那位老兄也不會聽到你任何評語，對你自然不會有意見。

很多時候我們都需要理讓，理讓不僅是給別人機會，更是為自己創造機會。即使自己有理，也應讓別人三分。因為當你給他人讓出了臺階，也是為自己攢下來人情，留下一條後路。

漢朝時有一位叫劉寬的人，為人寬厚仁慈。他在南陽當太守時，小吏、老百姓做了錯事，為了以示懲戒，他只是讓差役

用蒲草鞭責打，使之不再重犯。此舉深得民心。

劉寬的夫人為了試探他是否像人們所說的那樣仁厚，便讓婢女在他和屬下一起辦事的時候捧出肉湯，故作不小心把肉湯灑在他的官服上。要是一般的人，必定會把婢女毒打一頓，或者怒斥一番。但是劉寬不僅沒發脾氣，反而問婢女：「肉湯有沒有燙著你的手？」

劉寬的禮讓，感化了人心，也贏得了人心。人人都有自尊心和好勝心，在生活中，對一些非原則性的問題，我們應該主動顯示出自己比他人更有容人之雅量。

禮讓的力量是強大的。有一人叫朱伯儒，在電車上捉到伸往自己口袋裏偷錢的小偷，非但沒送他去警察局治罪，反而帶回家做飯給他吃。特別是當瞭解到他高中畢業後找不到工作，想偷些錢回家過年時，朱伯儒只是罵了他一頓。之後，還為他置辦了年貨，買了回家的車票，讓年輕人感動得直掉眼淚。年輕人向他發誓：「不重新做人不來見您。」

生活中，我們也要像劉寬和朱伯儒那樣，用真情和愛心去感染、教育、改造有錯之人，有理也要讓三分。只有這樣，我們的生活才會更加美好。

我們在待人接物時，要善於發現別人的長處，尊重別人，不要動輒就口無遮攔地對別人品頭論足，議論別人的美醜賢愚，不要老捉住別人的小過失不放。如果我們不會尊重各種各樣的人，就會影響與他人之間的親密關係；同理，平日不可因追求一時的口舌之快而做意氣之爭，更不可因意氣用事而得理不饒人，要做到有理也要讓三分。

 **昇華寂寞**

人們往往把大海比作寬廣的胸懷，因為大海能廣納百川；把忍耐性比作彈簧，因為彈簧能伸能屈。為人處世、與人交往，遇到問題和矛盾時禮讓一下，危機或許就化解了。事實上，越是有理的人，如果表現得謙讓，就越能顯示出他胸襟坦蕩，富有修養，反而更能得到他人的欽佩。

# 09 沒有容忍，就沒有自由

容忍是一切自由的根本，
沒有容忍，就沒有自由。
　　　　——胡　適

人們天生就缺少容忍，天生的自我認同感使人們變得狹隘，使自己成了個人自由的最大障礙。我們總是談自由，總是嚷著要自由，但我們究竟為自由做過些什麼呢？

寬容和容忍是自由的基礎，沒有寬容和容忍，就不會有真正的自由。自由，需要每個人的容忍之心。人生而要受自由之苦，只有忍得了苦，才能真正獲得心靈的自由。

有一個打工仔。外出十年後，終於結束了他的打工生涯，衣錦還鄉。當他開著豪華小轎車回到家鄉時，父老鄉親都對他羨慕不已，紛紛要他談談在外的輝煌生活。

他說：「你們看我今天闊氣、風光是吧？其實這是我忍受了很多的屈辱與艱辛之後獲得的。」

原來他在外打工期間，曾經窮得身上連一分錢都沒有，幾個晚上都是在廣場的臺階上度過的。甚至他還給人家當過男傭，夜裏與人家的寵物睡在一起……所有這些，他都一忍再忍，為的就是日後的自由。所以對他來說，沒有容忍就沒有自由，沒有容忍就沒有他風光的今天。

容忍，其實就是要容忍異己。容忍異己，其實就是尊重別人的自由。

有一次，胡適在美國去看從前康奈爾大學的史學老師伯爾。那天，伯爾和胡適談了一天的話。胡適說，伯爾的談話他至今都沒有忘記，印象最深的是伯爾說的這句話：「我年紀越大，越覺得容忍比自由還更重要。」

無論是人與人之間，還是人與社會、人與自然之間，要真正達成和諧的局面，都不能缺少「容忍」的氣度。

一個自私的人是不會懂得容忍的。在他的心裏只有自我，耳朵只喜歡聽好話，事事只想到自己。這種人是盲目的自大。他們的這種自大，使得他們逐漸被孤立，就會失去群體，就像大雁掉隊一樣，必將走向死亡，也就沒有必要再談什麼自由。

自由，需要經過忍耐的過程。生活中，許多事都要我們容忍，容忍不代表我們軟弱，而是一種思想境界，它需要我們有一個寬大的胸懷，有一種寬厚待人的態度，與人和睦相處，讓自己的生活感到幸福快樂，沒有過多煩惱，沒有過多不必要的壓力。做到了這些，我們才能感到不拘束，才能自由自在地生

活。

對於做大事者來說，忍辱負重是成就事業必須具備的素質。孟子說：「天將降大任於斯人也，必先苦其心志，勞其筋骨，餓其體膚，困乏其身。」能在各種困境中忍受屈辱是一種能力，而能在忍受屈辱中負重拼搏，更是一種本領。凡成就大業者，莫非如此。

春秋戰國時期，越王勾踐被吳王夫差俘虜，勾踐佯裝稱臣，為吳王夫差養馬，吳王患病，勾踐親口為其嚐糞問疾，終獲得信任，被放回國。回國後的勾踐體恤百姓，減免稅賦，並和百姓同吃同住。他還在頭頂掛上苦膽，經常嚐苦膽之苦，憶在吳國所受的侮辱，以警示自己不要忘記過去。經過十多年的艱苦磨煉，勾踐終於一舉滅吳，殺死夫差，實現了復國雪恥的抱負。

同樣，三國時期諸葛亮污辱司馬懿的故事也是人人皆知。諸葛亮六出祁山時，駐紮在五丈原，司馬懿深知自己的韜略不如諸葛亮，而採取拖延戰術，久不出兵。諸葛亮派人向司馬懿送去一套女人服裝，並遞信說：「你如果不敢出戰，便應恭敬地跪拜接受投降；如果你羞恥之心還沒有泯滅，還有點男子氣概，便立即批回，定期作戰。」司馬懿的左右看後，非常氣憤，紛紛請戰，但司馬懿卻堅守不戰。不久諸葛亮因積勞成疾而死，司馬懿沒傷一兵一將，不戰而勝。

難怪古人說：「必須能忍受別人不能忍受的觸犯和忤逆，才能成就別人難及的事業功名。」

有很多事，需要忍；有很多話，需要忍；有很多氣，需要
忍；有很多苦，需要忍；有很多慾，需要忍；有很多情，需要
忍。人生需要自由，更需要忍。

---

# *10* 忍得住嫉妒

您要留心嫉妒啊，那是一個綠眼的妖魔，
誰做了它的犧牲，就要受它的玩弄。
——莎士比亞《奧賽羅》

當看到別人有了進步，取得了成功，不是採取虛心求教的
態度向人學習，而是對比自己強的人忌恨在心，並通過貶低，
甚至不擇手段去打擊他，以損害他的聲譽來抬高自己，滿足自
己的虛榮心，這就叫「嫉妒」。

日本心理學家詫摩武俊在《嫉妒心理學》中寫道：「嫉妒
能使親密的好友翻臉，雙方都會受到傷害。可以說，它是一種
令人無可奈何的感情，象徵著人性的弱點與醜惡的一面。」作
家艾青也說過：「嫉妒是心靈上的腫瘤！一切嫉妒的火焰，總
是從燃燒自己開始的。」

從這些至理名言中我們可以看出，嫉妒既是一種個體的心

理現象，也是人與人之間關係的心理現象。任何國家、任何社會、任何群體都會出現這類心理現象。在人類的一切情慾中，嫉妒恐怕是最頑強最持久的了。嫉妒者所受的痛苦比任何人遭受的痛苦都大，因為他自己的不幸和別人的幸福，都會使他痛苦萬分。人應當忍住嫉妒的情緒，不要糾纏於這些無謂的悲哀中。

李永原來在某公司的行銷部當經理。一天，他突然接到人事部門的調令，調他去供應部當經理。在公司，行銷部的地位遠比供應部重要。李永心想如此一調，不就是明擺著老闆對自己不滿意嘛。

可是為什麼會對自己不滿意呢？李永思來想去，始終找不到原因。他試著問以前的老員工。老員工告訴他，以前的他對自己的工作非常熱情，信心十足。可是後來……

老員工沒說完，李永已經想到了。以前，李永從事銷售工作，經常往外跑。久而久之，他便和其他公司銷售人員的待遇比了起來，不是嫉妒人家錢多，就是嫉妒人家有權力，還經常在公司裏說三道四，對自己的工作也消極拖逨起來。所以才有了公司對他的調職。

他思之再三，突然醒悟過來：「我不能再嫉妒別人，要通過努力證明自己比別人強。」於是他開始把精力投入新的工作。

年底時，由於他出色的工作成績，供應部獲得總公司頒發的兩次特別獎金。不久，李永收到一張人事調令，他被提升為公司的副總經理。

　　從這個故事，我們看到：嫉妒別人是對自己的折磨。嫉妒別人，只會拉動風箱，搧起你的歎息。

　　凡是能找到自己生存價值和生存樂趣的人，是不會嫉妒別人的。嫉妒別人的才能，也正好說明自己的無能，誰嫉妒別人，就等於承認別人比自己強。嫉妒是萬惡之源，懷有嫉妒心的人是不會有絲毫同情心的。嫉妒是一種恨，嫉妒者對別人慘敗的興奮，往往勝過對自己成功的喜悅，對別人優勝的忿怒，每每強似對自己失敗的難過，然而，設惡計陷害他人的人，終必掉進自己設計的陷阱裏。

　　那麼哪些人容易嫉妒，哪些人容易招來嫉妒呢？無德者必會嫉妒有德人。因為人的心靈如若不能從自身的優點中取得養料，就必定要找別人的缺點作為養料。而嫉妒者往往是自己沒有優點，又看不到別人的優點，因此他只能用打擊別人的方法來安慰自己，以求達到自己心理上的平衡。

　　其實埋頭苦幹自己事業的人，是沒有工夫嫉妒別人的。要想多學技能、走向成功，就要忍住嫉妒別人的思想，多發現別人的長處，思考自己的不足，取他人之長，補己之短，久而久之，自己也擁有了讓別人嫉妒的資本。到那時，更不需要嫉妒別人了。

## 昇華寂寞

任何人都可以變得狠毒，如果他嘗試過什麼是嫉妒。嫉妒是一種不健康的心理因素，輕者影響人與人之間的和睦關係，重者會嚴重導致個人心理殘疾。嫉妒心人人都有，關鍵是看怎樣忍住嫉妒。將嫉妒變為欣賞，便找到了克服嫉妒的途徑，也找到了與人相處的方式。

# Chapter 5

## 心遠地自偏，寂寞自豁達

豁達是一種大度，一種胸襟。豁達的人往往有著寬
廣的胸懷，有著海納百川的氣勢，不會為小事斤斤
計較，更不會為個人的得失而鬱鬱寡歡。寂寞是最
好的試金石，如果我們在寂寞的時候，仍能保持一
顆快樂的心，便進入了灑脫豁達的境界。

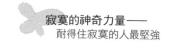
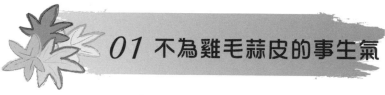

# 01 不為雞毛蒜皮的事生氣

生氣，是拿別人的錯誤來懲罰自己。

　　不知道從什麼時候開始，中國人把發怒說成「生氣」。一日，聽了一位中醫的講解後才曉得，原來人一發怒，真的會在體內產生「氣」。

　　嚴格說來，「生氣」就是中醫的一個名詞。《黃帝內經·靈樞篇》中對疾病的原因有一段說明：「夫百病之所始生者，必起於燥濕寒暑風雨，陰陽喜怒，飲食起居。」原來我們的老祖宗，很早就明白生氣是最原始的疾病根源之一，不但浪費身體的血氣能量，更是造成人體各種疾病的一個非常重要的原因。

　　發脾氣時氣會往上沖，直沖頭頂，所以會造成頭頂發熱，久而久之就會形成禿頂。嚴重的暴怒，有時會造成肝內出血，更嚴重的還有可能會吐血，吐出來的是肝裡的血，程度輕一點的，則出血留在肝內，一段時間就形成血瘤。這些聽起來很可怕，可是卻是真實的情形。

　　另外，還有一種悶在心裡的氣，也會對人體造成傷害。生悶氣會使得氣在胸腹腔中形成中醫所謂「橫逆」的氣滯，婦女的小葉增生和乳癌，很可能就是生悶氣的結果。

　　由此看來，生氣產生的後果的確很嚴重。生氣，實質上是

用別人的錯誤來懲罰自己，是一種最愚笨的行為。因為生氣造成死亡的人，其實也是真正「笨」死的人。

　　人生是短暫的。所以生活中不要因一些雞毛蒜皮、微不足道的小事而生氣，為這些小事而浪費你的時間、耗費你的精力是不值得的。

　　一天，戶政事務所裡來了一男一女兩個青年。但兩人卻不是辦理結婚手續，而是氣呼呼地說要離婚。

　　工作人員心怡看了一眼兩人遞過來的結婚證書，發現兩人才剛結婚一年。再看看兩人的表情，心想：這倆人一定是氣急敗壞下做出的衝動決定，得想辦法勸勸他們。

　　於是她問兩人：「你們為什麼離婚呢？」「他把家裡的電腦都砸了，還能過日子嗎？這日子過不下去了，一定要離婚。」女的搶先答道。「你還把茶几砸了呢，你怎麼不說說你自己。」男的氣憤地辯駁。

　　眼看兩人又要吵起來，心怡馬上插話：「為什麼要砸東西呢？」

　　這時，女的把臉轉向了一邊，男的支支吾吾地說：「因為，因為一片廢紙。我把紙掉到了地板上，她讓我撿起來，當時我有其他事沒撿，她就開始囉嗦。最後就成了現在這樣了。」

　　「那好吧，我給你們辦理離婚手續。不過我得把你們『因為一片廢紙離婚』的原因記錄在案。」心怡說著就動手拿筆。

　　「不要，不要，這些小事就不用記了吧。」兩人齊心道。

　　「小事，既然是小事，你們幹嘛要離婚呢？」心怡笑著把

結婚證書還給了兩人。兩人不好意思地接過，滿臉羞澀地攜手而去。

是啊，何苦非得生氣呢？難道我們因為生氣，就能使別人得到懲罰嗎？不能，生氣不但不能解決問題，反而會將問題弄得複雜。就像我們因為一些雞毛蒜皮的小事大哭一場，結果也只是哭紅了眼睛；有時候因為生氣大醉一場，結果只是自己胃痛半天……這些，其實都是在懲罰自己。

人生不如意之事十有八九，很多人總是在成年後覺得不快樂，懷念童年的無憂無慮，主要原因之一是步入社會後，會經歷很多「氣」事，內心漸漸積聚了很多怨氣，久而久之，人就會失去快樂的心情。

大家都聽說過「氣大傷身」這句話。所以要學會控制自己的情緒，該生氣時不生氣，不該生氣時讓自己更快樂。

那麼如何控制自己的情緒，讓自己不生氣呢？我們首先要明白，氣是別人給你的，你可以不接受。否則，生氣就是拿他人的錯誤懲罰自己。其次，遇到問題不要鬧情緒，要想辦法，或找有經驗或信任的親朋好友談心，讓別人從不同角度啟發你。再次，不要過於敏感，不要妄加推測別人對你的評價。要用平常的心態和信任的眼光看待周圍的人和事。學會與人為善，不對人過分挑剔，要心胸寬廣。這樣你的「氣」就會越來越少、越來越順了。

**昇華寂寞**

英國著名作家迪斯雷利曾經說過：「為小事生氣的人，生命是短暫的。」所以不要為小事生氣，要在困難和煩惱中學會忍耐和堅持、寬容和感恩，知足常樂並幸福地生活著。這不僅是一種生活態度，更是一種精神力量。

## 02 換個角度看寂寞

遇到一些改變不了的問題時，切記不可鑽牛角尖，可以嘗試換個角度看問題。

人的一生，看待事情的角度不同，收穫也不同。以樂觀、豁達、體諒的心態來關照自己，認識自己，收穫的是心靈的豁亮、生活的坦然；相反，以悲觀、憂鬱、苦惱的心態來看待事物、對待自己，結果只會是困窘痛苦，無邊苦海。

有的人害怕寂寞，認為寂寞是洪水猛獸，避而不及。其實在很多時候，寂寞是艱難困苦的良藥。所以換個角度去看待寂寞吧，你就不會再為自己身處寂寞而頹唐，也不會為人生所得而得意忘形，寂寞是一種突破、一種解脫、一種超越，一種高層次的淡泊寧靜。

城市裡，計程車司機是與人交往最頻繁的職業，也是最寂寞的職業。因為雖然他們每天都與各種不同的人打交道，但卻

始終擔任著陌生人的角色。王先生和李先生便是計程車司機大軍中的兩人，可是兩人卻有著迥然不同的心態。

一大早，我跳上一部計程車，這部計程車的司機便是王先生。因為是早上，恰逢上班高峰，途中不停地出現堵車現象。看王先生坐在車內煩躁不安，我便和他聊了起來：「計程車這個行業好做嗎？」後照鏡中王先生的臉垮了下來，聲音臭臭的：「有什麼好的？早上出門的時候家人還沒醒，晚上回家都睡著了，一天連個說話的人都沒有，不說賺錢多少，光這寂寞的滋味就讓人不好受！」顯然這不是個好話題，我忙把主題換了。

下午下班的時候，我又跳上了一部計程車，這部計程車的司機便是李先生。途中依然不停地出現堵車現象，但李先生的心情看起來始終不錯，一張臉龐笑容可掬，有時還輕鬆愉快地哼上幾曲。我心中有些訝異，隨即問道：「你覺得計程車這個行業怎麼樣？」

他笑得露出了牙齒：「不錯呀，我的車很大很寬敞，每天還能帶著不同的乘客遊覽城市的美景，多好……」

「車上的人幾乎都不認識，你難道不嫌太寂寞嗎？」我又問。

「寂寞什麼呀？我總是換個角度來想事情。例如我覺得出來開車，其實是客人付錢請我出來玩。像今天下午，我就碰到你，花錢請我沿路看風景，這不是很好嗎？」他繼續說，「前幾天我載一對情侶去淡水看夕陽，他們下車後，我也下來喝碗魚丸湯，跟在他們後面看看夕陽才走，反正來都來了嘛，更何

況還有人付錢呢？」

我突然意識到自己有多幸運，有幸跟開朗的李先生同車，真是棒極了。我決定跟這位司機先生要電話，以便以後有機會再聯繫他。就在將要下車時，李先生的電話響了，原來是熟客的叫車電話，看來喜歡李先生的不只我一個。

李先生看待問題的態度不但替他贏得了好心情，也必定帶進許多生意。這就是換個角度看寂寞的好處。

世界醫藥學的鼻祖、古希臘著名醫生希波克拉底也曾說：「身體本身就是病症的良醫。」可見，人的情緒對健康影響極大。在寂寞的世界裡，人可以避免刺激，保持一顆好的心情，使自己進入灑脫豁達的境界，也就掌握了生命的主動權，有利於健康長壽。

雖然我們在寂寞的時候會感到傷心、失望，生命當中會有坎坷、艱難，但關鍵是我們怎麼去看待它們。如果把坎坷看成是一種調味品，你就會感到坎坷的生活有滋有味；如果把艱難看成一筆寶貴的財富，你就會感到它會豐富我們的閱歷，豐富我們的人生底蘊。

有位哲人曾說：「我們的痛苦不是問題本身帶來的，而是我們對這些問題的看法產生的。」這其實也是說我們是快樂還是苦惱，關鍵在於我們從什麼樣的角度去看待。倘若我們能將寂寞轉換一個角度來思量，那麼人生的寂寞將是通往成功的橋樑，生活中的寂寞將是一筆寶貴的財富。

一天，一個年輕人因為受不了寂寞而站在懸崖邊，痛不欲生。這時，一位老者手舞足蹈地緩歌而過。年輕人攔住老者

問：「老人家，您為什麼如此快樂？你難道感覺不到一個人的寂寞嗎？」

老人朗聲回答：「天地之間，只有我一個人與日月相伴，與百草共眠，為什麼會寂寞呢？」

年輕人若有所思地點了點頭，然後依然滿臉憂傷地說：「老人家，我覺得很寂寞，不如別人生活得精彩。」老者微微一笑，說：「一塊金子和一塊泥土，誰更寂寞呢？」

年輕人剛要回答，老者擺了擺手，繼續說：「如果給你一粒種子，去培育生命，金子和泥土誰更合適呢？」說完，老者朗笑而去，年輕人頓覺釋然。

實際上，只要換一個角度看待，再寂寞的生活也會有滋有味，再寂寞的人生也會遍佈鮮花。因為寂寞之後，懸掛在我們頭頂的必然是幸福的彩虹。

換個角度看寂寞，寂寞是獲取成功的橋樑。因為寂寞的時候我們才能好好地思考，寂寞的時候才能剖析自己的內心。真正的寂寞，不會是孤單的淒清，而應該帶有審慎的、細緻的思考的意識。

換個角度看寂寞，寂寞會是一道風景，是掌燈夜讀時火紅燈芯上結出的美麗燈花，是「舉杯邀明白，對影成三人」的自娛自樂，是「人生得意須盡歡，莫使金樽空對月」的豁達。

換個角度看寂寞，寂寞其實更應該是一朵開放在心靈深處最美麗的花，紮根於孤獨的土壤，自我生發，自我妍麗。

梁實秋先生說：「寂寞是一種清福。換個角度看待寂寞，便能享受寂寞，躲過喧囂，消除浮躁，借不同的慧眼，寄不同

的蘭心，觀看生命中不曾領略的風景，感悟人生中不曾體會的情愫。」人是需要點寂寞的，特別是在專注於一項事業或研究時，寂寞便是最好的土壤。

 **昇華寂寞**

只要換一個角度去思考、觀察，就不難發現，寂寞展現給我們的並不是我們通常感覺的那麼糟糕，那麼陰霾漫天，那麼沒有希望。換個角度看寂寞，就不會只看到寂寞裡的「無」，而是看到寂寞裡寧靜的風景和安詳的心情。

## 03 春天是冰雪釀成的酒

春天是冰雪釀成的酒，冰雪一融化，
就變成了那醉人的春天。
——梅濟民

英國著名浪漫主義詩人雪萊在《西風頌》中有一個經典的詩句：「冬天來了，春天還會遠嗎？」這句話給處在困境中的人無限的希望與憧憬。

對於我們的生活來說，冬天代表了人世間遭受的苦難和屈辱；春天，則代表了美好的希望與成功。「寶劍鋒從磨礪出，梅花香自苦寒來」，對於四季來說，只有經歷了寒冷的冬天，

才能迎來醉人的春天；對於生活來說，只有經過艱辛的磨難與
煎熬，才能獲得無上的榮譽與成功。

朋友曾經講過一個故事，說一位成功的企業家妻子早逝
後，他由於一直忙於生意，忽略了對兒子的教養。兒子一直生
活在衣食無憂的環境中，漸漸養成了好吃懶做的毛病。

企業家大傷腦筋。為了培養兒子自主生活的能力，在兒子
完成學業後，他表面上與其斷絕關係，逐出家門，暗地裡派人
跟蹤保護。沒有經濟來源的兒子，曾經做過建築工、站過門
崗、洗過碗，還遭遇過工頭的謾罵，幾次差點凍暈在街頭。

屢經挫折的兒子這才知道生活的艱辛，開始腳踏實地的工
作、創業。五年後，企業家終於完成了對兒子的磨練，將兒子
接回，說明原由，並將自己辛苦打拼一輩子的企業交給兒子打
理。兒子接管父親的企業後，經營效益如日中天。

試想，如果不經過一番艱苦的磨練，兒子能養成堅忍不
拔、積極進取的優良品格嗎？也許企業家畢生的心血，還會在
兒子手中「壽終正寢」呢。

孟子說過：「天將降大任於斯人也，必先苦其心志，勞其
筋骨，餓其體膚，空乏其身，行拂亂其所為。」常言道：「不
經歷風雨，怎能見彩虹？」這些話都凸顯了苦難對人生多麼的
重要！苦難，能磨練人的意志，增強人的毅力，激發人的潛
能，增長人的才幹。

我們要正確認識到，苦難對人生來說具有非凡的價值。敢
於面對苦難，並為之努力奮鬥的人，才能享受到苦難最終帶來
的財富。

　　著名的汽車商約翰·艾頓曾向他的朋友、後來成為英國首相的邱吉爾回憶起他的過去：他出生在一個偏遠小鎮，父母早逝，是姐姐幫人洗衣服、做家務，辛苦賺錢將他撫育成人的。姐姐出嫁後，姐夫將他攆到舅舅家，舅媽很刻薄，在他讀書時，規定每天只能吃一頓飯，還得收拾馬廄、剪草坪。剛工作當學徒時，他根本租不起房子，有將近一年多的時間是躲在郊外一處廢舊的倉庫裡睡覺……

　　邱吉爾驚訝地問：「以前怎麼沒聽你說過這些呢？」艾頓笑道：「有什麼好說的呢？正在受苦或正在擺脫受苦的人是沒有權利訴苦的。」他還說：「苦難變成財富是有條件的，這個條件就是你戰勝了苦難並遠離苦難，不再受苦。只有在這時，苦難才是你值得驕傲的一筆人生財富。別人聽著你的苦難時，也不覺得你是在念苦經，只會覺得你意志堅強，值得敬重。但如果你還在苦難之中或沒有擺脫苦難的糾纏，你說什麼呢？在別人聽來，無異於就是請求廉價的憐憫甚至乞討……這個時候你能說你正在享受苦難，在苦難中鍛鍊了品質、學會了堅韌嗎？別人只會覺得你是在玩精神勝利、自我麻醉。」

　　艾頓的一席話，使邱吉爾重新修訂了他「熱愛苦難」的信條。他在自傳中這樣寫道：苦難是財富，還是屈辱？當你戰勝了苦難時，它就是你的財富；可當苦難戰勝了你時，它就是你的屈辱。因為一切的美好和希望，都要經過痛苦的醞釀和艱辛的努力，只有經過艱辛的磨難，才能度過寒冷的冬天，釀出醉人的酒。

　　當寒冷的冬天來臨時，寒風瑟瑟，萬物凋零，給人蕭瑟之

感。但不要忘了，在冬天之後，就是春天的降臨，到那時陽光明媚，草長鶯飛，萬物復甦，生機勃勃。

處在黑暗、痛苦中的人，不要忘記尋找光明的希望，不要忘記，黑暗之後就是黎明，痛苦過後就是幸福。正如春天是冰雪釀成的酒，冰雪一融化，就成了醉人的春天。

**昇華寂寞**

冬天並不可怕，它不過是四季之一。把冬天過得像在天堂，才是真正的強者和贏家。如果不能學會享受，至少要學會禦寒，只要堅持下去，就能見到下一個明媚的春天。

# 04 寂寞讓人更加從容

倉促的世界使我們感到厭倦，
相對的寂寞是多麼從容，多麼溫和。
——安東尼·斯托爾

提到從容，有人會說從容是中老年使用的詞語，沒有一定的經濟基礎，沒有經過苦難，就沒有資格談從容。果真這樣嗎？難道一個人一定要在飽經風霜後，才能露出從容的一笑？我卻一直固執地認為：從容，其實只是一種姿態，與經歷無關，與金錢無關，它是你無論何時何地都可以保有的，它是一

種舉重若輕的氣質。

從容生活，有時需要一種定格和過濾。寂寞，便是很好的工具。

在紛繁複雜的塵世間，能夠擁有一份屬於自己的寂寞，是一種獨特的享受：你可以沏一杯香茗，或品一段古典音樂，讓疲憊的身心得到一次徹底的洗禮；你可以到林間沐浴輕風，或到草地上靜靜地放飛思緒……嘗試了這些，你就可以拋開所有的浮躁與無奈，使自己變得從容安定。

喜歡熱鬧的人可能忍受不了片刻的寂寞，但長久地混跡於人群，就會沒有安靜下來思考的時間和心情。一個享受寂寞的人，一定是一個從容對待世界萬物的人。只有靜，才能使人心變得沉穩、從容、淡定。大畫家梵谷可謂寂寞者中傑出的代表。他生前夠寂寞了吧，沒有知心朋友，也沒有人賞識他的畫。但他內心並不寂寞，他強烈地熱愛著大自然的一切。他以寂寞為筆，以生命為畫板，創造出一幅又一幅驚世之作。

姜太公夠寂寞了吧，妻子以為他無能而改嫁，他自己獨在他鄉為異客，但他依然堅信自己的理想有實現的一天，隱居在陝西渭水邊，從容地立鉤垂釣，不用香餌之食，離水面三尺，還自言曰：「不想活的魚兒呀，你們願意的話，就自己上鉤吧！」

結果，他不但釣到了周族首領姬昌（即周文王)，還幫助文王的兒子武王姬發滅掉了商朝，實現了自己建功立業的願望。

其實，寂寞本身無所謂好壞，它是無法迴避的人生問題和

哲學命題。安東尼‧斯托爾說過：「倉促的世界使我們感到厭倦，相對的寂寞是多麼從容、多麼溫和。」在他看來，寂寞並不是一件壞事，因為寂寞可以讓潔淨的精神世界不被世俗侵犯。

曾經有這樣一個故事。一個婦女叫雅麗，她的丈夫在人煙稀少的戈壁灘當兵，她便尾隨而來。

後來她丈夫被調走了，雅麗便獨自在戈壁灘生活。戈壁灘方圓百里沒有人煙，她住的是四面透風的黃土房，喝的是又苦又澀的澇窪水，過的是「一口麵條一口沙，抬頭不見春姑娘，低頭只見浩瀚沙」的日子。

整日面對黃沙，她的生活真是太寂寞了。但是正是生活中沒有摻雜繁雜的人和物，她發現天上的星星是那麼亮，就連黃沙翻飛的姿態都那麼優美。幾年後，她將自己的生活寫成了一本書《我與戈壁灘》，讀者深深地為書中從容瀟灑的主角著迷，該書頗為暢銷。

當前在我們的社會中，飄蕩著一些不良風氣：心浮氣躁、急功近利、弄虛作假、以權謀私、渾渾噩噩、飽食終日、貪圖享受、低級奢靡……在這種令人暈頭轉向、莫衷一是的氣浪漩渦中，人人都被其所裹挾、所掩沒，已是身不由己，言不由衷了。

這時我們想到了「從容」。但是從容實屬不易。古往今來，中華民族的聖哲先賢、仁人志士，無不是從寂寞走向從容的。屈原在寂寞的世界裡「九死不悔」，陶淵明因寂寞創作了《歸去來兮》，諸葛亮的「躬耕南陽、不求聞達」、范仲淹的

「先天下之憂而憂，後天下之樂而樂」、文天祥的「人生自古誰無死，留取丹心照汗青」、林則徐的「海納百川，有容乃大；壁立千仞，無慾則剛」等，都是寂寞書寫的「從容」華章。

寂寞是一種進取，是一種不爭的進取，與「自信人生二百年，會當水擊三千里」的從容異曲同工。

### 昇華寂寞

寂寞是一項修煉，我們要從寂寞裡努力修煉各方面的素養，包括從容。寂寞是一種自守。倘若跟著「誘惑」走，被形形色色的「慾望」和「身外之物」所束縛，纏上了「名韁利鎖」，我們又如何「從容」得起來？

## 05 心胸開闊自瀟灑

> 世界上最寬闊的東西是海洋，
> 比海洋更寬闊的是天空，
> 比天空更寬闊的是人的心胸。—雨 果

人生在世，不可能一帆風順，常常會遭遇風浪和碰撞，受到挫折和困厄，感到煩惱和無奈。心胸開闊是說人要具備一個比海洋、比天空更為寬廣的內心世界，能容納萬事和萬物，能

化解衝突和誤會，能平衡喜怒和哀樂，能經受勝利和挫折，保持清醒和愉快。

法國作家雨果說：「世界上最寬闊的東西是海洋，比海洋更寬闊的是天空，比天空更寬闊的是人的心胸。」的確，心胸寬廣是一種可貴的品質，它是成事者應有的內在涵養和精神境界。從社會現實來看，寬容大度，易討人喜歡，被人接納，受人尊重，因而在人際交往中如魚得水、左右逢源，減少做事的阻力，也能贏得朋友，團結同事，激勵部下，在做事創業中凝聚人心、整合力量，擁有成大事的可能性。

一位老闆身邊有一個總是抱怨的年輕人，他雖然工作能力很強，但是卻沒有人願意和他共事，因此一直得不到提拔。

有一天，老闆派這個年輕人去買咖啡。咖啡買回來後，老闆吩咐這個不快活的屬下舀一大勺咖啡放在一杯水中，不放糖，然後喝了。「味道如何？」老闆問。「苦。」年輕人齜牙咧嘴地吐了口唾沫。

老闆又吩咐他舀更多的咖啡放進茶壺裡。年輕人於是把更多的咖啡倒進茶壺裡。老闆說：「再嚐嚐茶壺裡的水。」年輕人倒了一杯嚐了嚐。老闆問道：「什麼味道？」「味道很淡，不苦了。」年輕人答道。

這時，老闆對年輕人說道：「生命中的痛苦就像是不加糖的咖啡，不多，也不少。我們在生活中遇到的痛苦就這麼多。但是我們體驗到的痛苦，卻取決於放在多大的容器中。所以當感到痛苦時，你只要開闊胸懷，便不再痛苦了。」

是的，你的胸懷就是你生活中的容器。當你感覺命運對你

不公的時候，當你對生活感到不盡如意的時候，你就要放開自己的胸懷。在寬廣的胸懷裡，一切不快和痛苦都顯得那麼的微不足道；在寬廣的胸懷裡，你將會活得很快樂，過得很幸福。

所以一個人的快樂，不是因為它擁有的多，而是因為他計較的少。多的是負擔，是另一種失去；少並非不足，是另一種有餘；捨棄也不一定是失去，而是另一種更寬闊的擁有。讓心胸開闊起來則可以隨時調整自己，進退有據。

人生亦然，重要的不是發生了什麼，而是我們處理它的方法和態度。因此我們要放開心胸，不要做一隻杯子，而要做一片湖泊。

心胸開闊是精神成熟的標誌，是品德高尚的外顯，是心智圓通的體現。很多時候不是煩惱太多，而是我們胸懷不夠開闊。我們需要給自己的生命留下一點空隙，就像兩車之間的安全距離，以便有緩衝的餘地。

要過美好的生活，應該時時擁有一顆輕鬆自在的心，不管外在世界如何變化，自己都能有一片清淨的天地。清淨不在熱鬧繁雜中，更不在一顆所求太多的心中，放下掛礙，開闊你的心胸，心裡自然會清淨無憂。

開闊的心胸對每個人做人做事都尤為重要，但在現實生活中，卻並非每個人都能做到心胸開闊。那麼如何才能有開闊的心胸呢？

志存高遠，能胸懷天下。如果一個人有著遠大的志向和抱負，他就會有長遠的眼光，不會為眼前的小利而動心，不會為暫時的挫折而氣餒，不會為一時的得失而計較。一個人全心地

投入到自己所鍾愛的工作中，不惜忘我地為之付出和奉獻，就會從中獲得一種榮譽感和成就感，便無左顧右盼之暇、患得患失之虞、心浮氣躁之害，也就省去了許多煩惱。

修煉內功，方能厚德載物。《周易》中有一句名言：「天行健，君子以自強不息；地勢坤，君子以厚德載物。」厚德載物，就要在心中時常裝著他人。一個人心裡總想著為他人做點什麼，為社會奉獻點什麼，就不會為個人利益而患得患失，才會有所作為。心胸開闊來自於理性的思考和把握。尤其處於社會大變革的今天，各種觀念交叉碰撞，一些腐朽思想和文化也趁機而入，極易使人失去理智。因此不斷加強自我修養，提高自身的綜合素質和隨機應變的能力，顯得尤為重要。

富有智慧，方能處世圓通。為人僅僅心態積極、胸襟開闊還不夠，還需要具有處世的智慧。有人說滿腹經綸卻不懂得人情世故，就如同身懷大鈔而沒帶零錢一樣。正如《紅樓夢》中有一句名言：「世事洞明皆學問，人情練達即文章。」擁有了圓通的智慧，就不會有什麼個人恩怨放不下，就會以開闊的心胸團結人，凝聚各種力量，為實現共同目標努力奮鬥！

**昇華寂寞**

用開闊的心胸容人容事，是一種精神、一種品質、一種境界。這種品質對每個人都十分重要，為人處世需要這種品質，做好工作也離不開這種精神品質。「山不辭土故能成其高，海不辭水故能成其大。」無論一個人，還是一個集體，要成就大事業，創造驕人的成績，必須有高山的氣度、大海的胸懷，勇於吸收好的東西，使之為我所用。

# 06 人生沒有過不去的坎

人的承受能力，其實是遠遠超過我們的想像的，
就像不到關鍵時刻，
我們很少能認識到自己的潛力有多大。
所以無論你正在遭遇什麼磨難，
都不要一味地抱怨上蒼是多麼不公平，
甚至從此一蹶不振。要記住，人生沒有過不去的坎，
只有過不去的人。

　　曾聽說過一個故事，說的是一個年輕人要過河，由於河流湍急，年輕人站在河岸上始終邁不開腳步。

　　過了很久，來了一個老翁。老翁看年輕人愁眉苦臉的樣子便上前問：「年輕人，你怎麼了？為什麼站在這裡不開心呢？」

　　「我是為過不去河而發愁呢。」年輕人告訴老翁，他不會游泳，怕被河水沖走了，所以過不了河。

　　老翁聽了他的話後，脫下鞋、邁開步跳入水，不一會兒便到達了河的對岸。他在河對岸對年輕人喊道：「你不邁開步試試，你怎麼知道過不了河呢？你要記住，人生沒有過不去的坎，只有過不去的人。」

　　說得多好呀，人生確實沒有過不去的坎，關鍵看你怎樣面

對前面這道坎。當你把一公尺高的坎看作是半公尺高時，就一定能夠邁過去；當把半公尺高的的坎看作是一公尺時，就會被身前的這道坎給阻擋住。

曾經有這樣一位平凡男人。小的時候得了一種怪病，終日與湯藥為伴。長大後，病終於好了，卻趕上了日本鬼子侵略中國，不得不扛起槍去趕倭寇。在戰爭年代裡，他睡過雪地，吃過草根，喝過污水，還得面對戰火的襲擊。一次，還被敵人抓到，被折磨得死去活來。和他一塊被捕的其他人受不了這種暗無天日的折磨，想到了自盡，他卻說：「別這樣啊，沒有過不去的坎，日本鬼子不會總這樣倡狂的。」

他終於活著熬到了把日本鬼子趕出中國的那一天。可是，他的家人卻在那炮火連天的歲月裡，全部死了。村上人都勸他想開些，他卻說：「是我命苦啊，不過再苦日子也得過啊，人生沒有過不去的坎。」

後來他結了婚。生活剛剛有些起色，他的妻子又在一次水災中被沖走了，只留下兩個嗷嗷待哺的兒子。他既要當爹，又要當媽，還得生活。在這巨大的打擊下，他很長時間都沒回過神來，但最後還是挺過去了，他一個胳膊抱一個孩子，不管他們聽懂聽不懂，自言自語般地對他們說：「娘死了，爹還在呢，有爹在，你們就別怕，沒有過不去的坎。」

他含辛茹苦地把兩個孩子拉拔大了，生活也慢慢好轉了，他也年紀大了。他逢人便樂呵呵地說：「我說吧，沒有過不去的坎，現在生活多好啊。」

可是多災多難的生活好像只眷戀他一個人似的。就在他安

享晚年的時候，又不小心出了車禍，失去了一條腿。兒子傷心地坐在病床上哭了起來，他卻說：「哭什麼，我不是還活著嗎。」

他依然開開心心的，直到臨終，他還在對兒子們說：「要好好過，沒有過不去的坎……」

其實人生就是這樣，不可能一帆風順，到處都有坎坷，彎路讓我們走得更長、更苦，但是讓我們懂得更多。

生活就像莫測的天氣，有疾風，也有暴雨後絢爛的彩虹。人的一生中，不可能是一帆風順的，在期待溫情的同時，也會遭遇許多坎坷。如果遇到坎坷便垂頭喪氣，那麼就享受不到坎坷之後的美好。

人的生命是有限的，但是在有限的生命裡，我們卻可以創造無限的奇蹟。跨過坎坷、越過磨難就是奇蹟的組合。我們要相信，磨難總會過去，幸福總會到來，坎坷與磨難只會讓生命更有力量，使人生更加精彩。

### 昇華寂寞

人類具有非凡的適應能力，不管遭遇什麼樣的坎坷，都要相信自己，去適應環境，生活下去。因為人生沒有過不去的坎，信念會為你跨越人生的坎坷助一臂之力。

# 07 直面失意自歡笑

人們最出色的工作，
往往是在處於逆境的情況下做出的，思想上的壓力，
甚至肉體上的痛苦，都可能成為精神上的興奮劑。
——美國「聯合保險公司」
董事長 貝弗里奇·克里豪·艾東

一次，一位在報社做記者的朋友告訴我，她曾經採訪過一位世界舉重冠軍。當時她問了舉重冠軍一個問題：「你在走到領獎臺之前，一定也失敗過很多次，你是怎樣看待自己的失意的？」

那位舉重冠軍沒有絲毫猶豫地回答：「我們每個人都有不如意的時候，我在一次次的失意中，除了直面失意外，還善待失意，決心從失意中走出來。就是這樣，沒有別的選擇。」

這一問一答為大多數處在失意中的人們解決了疑惑。直面失意，人生就需要如此。

人生不如意事常有，考場上的敗北、事業上的挫折、情場上的無奈……都是失意。得意時，如含蜜棗，滿嘴香甜；失意時，如吞黃連，其苦難言。

但是正是有了得意與失意，生活才變得多姿多彩。因為人生不僅需要成功的慰藉，更需要失意的磨難。只有在失意的時候，我們才能更好地發現自己，認識自己，鍛鍊自己。可以說

失意是對我們每個人的考驗。

巴雷尼是諾貝爾生理學和醫學獎的得主。可是巴雷尼卻是個殘障人士。

小時候，巴雷尼因病成了殘疾。面對人生最大的失意，他傷心得封閉了自己，終日躺在病床上一動也不動。

母親的心像刀絞一樣，但她還是強忍住自己的悲痛。她告訴巴雷尼，拉著他的手說：「孩子，媽媽相信你是個有志氣的人。希望你能直面失意，在人生的道路上勇敢地走下去！好巴雷尼，能夠答應媽媽嗎？」

母親的話像鐵錘一樣撞擊著巴雷尼的心扉，他「哇」地一聲，撲到母親懷裡大哭起來。

從那以後，巴雷尼開始練習走路，做體操，常常累得滿頭大汗，但他還是每天堅持完成所有的鍛鍊計畫。

體育鍛鍊彌補了殘疾給巴雷尼帶來的不便，他終於經受住了命運給他的嚴酷打擊。後來他刻苦學習，以優異的成績考進了維也納大學醫學院。大學畢業後，巴雷尼以全部精力，致力於耳科神經學的研究。最後終於登上了諾貝爾生理學和醫學獎的領獎臺。

其實人生的失意就像是一條無形的鎖鏈，鎖住你的人恰恰是你自己，能打開這條鎖鏈的也只有你自己。失意時最不應該的是因抱怨而失去信心和鬥志。人生苦短，就像三國時期的曹操所言，譬如朝露，去日苦多。如果人們心中失去了信心和鬥志，隨之而來的就是苦悶和一聲聲的歎息。

那麼我們如何才能直面失意呢？

直面失意，要心境釋然。當你心境如水的時候，要與自己的內心真實地細談，坦然敞開靈魂深處的心扉，不必去擔心失意帶來的困擾。這樣，失意就成了廚房裡的蔥薑蒜。失意不是人生的失敗，得意也未必是圓滿。人在江湖，有看不完的世界，只要不斷地追求，人生的美酒將會因為挑戰一次次的失意，而變得更加醇香甜美。

直面失意，就是面對生活中的現實，一定要坦然。只要敢與靈魂深處中的自我挑戰，不管在勝利和失敗的日子裡，它都將成為你前進的動力，激勵我們對生活充滿信心，去迎接燦爛的明天。

直面失意，需要堅定的信心。平坦的大道固然走起來穩穩當當，但也會讓人失掉了警惕，也許一塊小小的石子，就有可能成為跌倒的原由；失意，是鋪滿荊棘的荒道，雖然令人有所畏懼，但卻能讓人保持一顆清醒的頭腦。

失意不是失志，為達到夢想，我們要不懼艱難和險阻，樹立百折不撓的信心，並為之奮鬥不息。一次次失意的積累，才可能換來一次成功降臨，而一次次的小成功，才會換來一次大的成功。

### 昇華寂寞

失意是人生五線譜上的音符，只要我們的心是樂觀的、堅強的，它就會發出人生的最強音；失意是生命裡尚未成熟的青橄欖，它很苦澀，但只要我們善於用心血去澆灌生命之樹，最終就一定會收穫甜蜜。

# 08 天生我材必有用

天生我材必有用，
千金散盡還復來。——李白《將進酒》

生活中，常常會有人嫌自己沒本領，什麼也幹不了，甚至自暴自棄、無所事事。其實沒有人天生就是富貴命，做高官、當老闆；也沒有人天生就是貧民命，低收入、做苦工。天生我材必有用，就看是否抓住良機，用對地方。

倉庫裡住著三隻老鼠和一隻蝙蝠。三隻老鼠經常嘲笑蝙蝠鳥不鳥、獸不獸的：「你自己看看身上像什麼，跑又跑不快，又不會打洞，天天吃我們的食物。」「依我看呀，它就是個廢物，什麼都不會！」蝙蝠也真的以為自己什麼也不會，每天小心翼翼地守在倉庫裡。

有一年夏天，接連下了好幾天的雨，老鼠洞裡是水，倉庫裡也灌進了很多水，它們只能在倉庫屋頂躲了起來。

一天、兩天，雨雖然停了，可是倉庫的水卻遲遲沒有消退的意思。眼看著吃的東西都沒有了，老鼠害怕了，它們怕被餓死，更怕掉進水裡淹死。這時蝙蝠不小心腳下滑了一下，眼看就要掉進水裡了，它奮力地搧動胳膊，沒想到竟然飛了起來。後來，它奮力地用嘴銜起三隻老鼠飛到了安全地帶。

得救後，老鼠們才知道了蝙蝠的用處。它們心想：「多虧

了這個鳥不鳥、獸不獸的傢伙呀，不然我們就死定了。」蝙蝠也明白了：原來自己才是最棒的。

生活中，我們也常常像蝙蝠一樣，認識不到自己的價值，一味地自怨自哀，自卑自輕。其實每個人都是獨一無二的，我們就是自己最大的財富。每個人都有自己的優點，不要和別人去比較那些你不擁有的東西，而要多發掘自己所擅長的領域，肯定自己的優勢，才能找準自己的位置。

並且只有先相信自己，別人才會相信你。只有正確認識自己的價值，對自己充滿自信，不斷發揮自身的潛力，才能將我們生存的意義充分體現出來。如果我們不吝嗇對朋友、同學的肯定和讚美，為什麼就不更多地鼓勵和讚美自己呢？時刻要記住：天生我材必有用，你自己生來就是一名勇士，你是天生的贏家。

大學沒考上的小潔失意、彷徨。「難道我什麼都不如人家？不對！天生我材必有用。」不服輸的小潔開始尋找自己的出路。

她一個人獨自來到台北，幾經努力，應聘到一所幼兒園當教師。在一次學生家長會上，小潔天生的親和力和潛在的可塑性，深深地打動了前來參加家長會的一家企業的董事長。

會後，這位董事長將小潔叫到一邊，承諾以高出幼兒園薪水三倍的報酬聘請小潔，這令小潔激動不已。

小潔到職後，虛心好學，憑著自己精通電腦的才能，深得老闆讚賞。後來，這位董事長將她介紹給一家電腦公司。在電腦公司裡，她如魚得水，不到兩年就晉升到了主管的位置。

又過了幾年，小潔自己開了一家電腦公司，充分發揮自己的才能，實現了自己的人生價值。

小潔的成功就在於她堅信「天生我材必有用」。假如她大學落榜後，認為自己什麼也做不了，那麼她就真的什麼也做不了，是她的自信幫助她最終走向了成功。

相反，有些人對自己困窘境況總是怨天尤人。有位青年就是如此。家人看他這樣下去也不是辦法，就領他來到一位老人家中，讓老人開導開導他。

老人對他說：「你擁有如此豐厚的財富，為什麼還要怨天尤人呢？」青年急切地問：「它在哪兒啊？」「你的一雙眼睛，只要你能給我你的一雙眼睛，我就可以把你想要得到的給你。」「不，我不能失去我的眼睛。」「好吧，那麼把你的雙手給我吧，為此，我可用一幢房子作為交換。」「不，我的雙手也不能失去。」老人最後說：「你有一雙眼睛，你就可以學習；有一雙手，你就可以勞動。現在你自己看到了吧，你有如此豐厚的財富啊！你就是無價之寶。」

老人開導了那位年輕人，也在教育著我們每個人：其實我們每個人身上，都有無盡的財富，只是我們暫時沒有發現而已。

### 昇華寂寞

善用物者沒棄物，善用人者無廢人。天生萬物各有其用，缺點有時也是優點。所以不要為自己的缺點而煩惱，好好利用，說不定它反而成為你最大的優點。

# 09 安詳，是真正的生命

一個擁有安詳的人，他沒有不滿，沒有懷疑，
沒有嫉妒，沒有牢騷，沒有抱怨，沒有恐懼。
所以他是生活在滿足中，他的人生是享受的人生。

　　人生就是一次長途跋涉的旅行，在歷盡風風雨雨、坎坎坷坷之後，才會擁有安詳的人生。《名師談禪》一書中曾說：「一個擁有安詳的人，他沒有不滿，沒有懷疑，沒有嫉妒，沒有牢騷，沒有抱怨，沒有恐懼。所以他是生活在滿足中，他的人生是享受的人生。」因此我們也可以說，安詳，是真正的生命。

　　然而在喧囂的塵世中，到處都充滿了誘惑，想要安詳的生活也並非易事。想要安詳的生活，面對大千世界的種種誘惑，要做到心不跳、眼不紅，不為金錢名利所吸引，不為「燈紅酒綠」所動心。要有泰山崩於前仍面不改色的氣度，還要有不與得失名利斤斤計較的坦然。

　　宋朝的呂蒙正，是歷史上第一位平民出身的宰相，第一個書生宰相、狀元宰相，是宋朝當宰相經歷過三朝的兩個人之一。

　　呂蒙正為人祥和、寬容。他剛入朝為官時，朝廷中有官員指著他說：「這小子也配參與商議政事嗎？」

呂蒙正裝著沒聽見，走過去了。他的同僚為他抱不平，問那個說話人的姓名，結果被呂蒙正制止了。呂蒙正說：「如果知道了他的姓名，就一生都忘不掉了，還不如不知道的好。」當時的人都佩服他安詳的心態。

還有一次，一個大臣想巴結呂蒙正尋求昇遷，說自己收藏了一個古鏡，能照見兩百里遠的地方，想把鏡子送給呂蒙正。呂蒙正笑著說：「我的臉只不過有碟子那麼大，哪裡用得著能照見兩百里的鏡子？」聽見他這番話的人都驚歎佩服。有人獻上一方古硯，那人當場打開，呵上一口氣，硯臺便濕潤可以研墨了。呂蒙正不屑一顧，他說：「就是一天能呵上一擔水，也只不過值幾文錢罷了。」獻硯者十分沮喪，從此再也沒有人敢去碰釘子了。

人生之路，鮮花與荊棘參半，安詳是一切的根本，沒有安詳，便沒有光明的方向和本心的甦醒，喜悅、幸福、和諧……都無從擁有，任何堅持終歸幻空，並且還會墮落而不自覺。而最直接的修行途徑就是感受安詳，保有安詳。想要安詳地生活，還要學會自我解脫，學會「他人氣我不氣」，做到「宰相肚裡能撐船」。

人們喜歡用包容、恬淡、平和等詞語來形容安詳。的確，一個人假如擁有安詳平靜的氣質，表明他具有豐富的人生閱歷，能夠洞悉人生的真相，明瞭自然法則和運動規律，深諳因果緣由和內在聯繫。

因此安詳顯示著一種成熟，一種智慧。修為練達的人，經歷了風雨坎坷之後，為人處世有了萬事隨緣的感悟，不再張

狂，不再浮躁，更不容易大喜大悲。他們言談文雅有序，舉止從容淡定，活得自在、快樂、自然。面對生死得失、進退取捨持恒定泰，理性地總結成敗榮辱、是非得失，做出明智的選擇。

要想獲得安詳的人生，要多接觸、注意、欣賞、流連大自然；多欣賞藝術，特別是音樂；遇事多想自己的缺點，多想旁人的好處，不要鑽到牛角尖裡不出來，不要老是覺得旁人對不起自己；把自己當成普通人看，不要裝模作樣地「偉大」；注意勞逸結合，該玩就玩，該放就放，該等就等；幽默一點，要懂得自我解嘲，允許旁人開自己的玩笑；小事上傻一點，該健忘的就健忘，該粗心的就粗心。

做到了這些，你便能保持平靜安寧的心態，你就離安詳的生活不遠了。一個安詳的人，懂得如何駕馭自己，如何與他人融洽相處。他們總是心平氣和、安之若素地與人打交道。他們稟性淳厚溫潤且有能力，懂得尊重他人又被他人尊重，無論陰雨連綿還是豔陽高照，都能鎮定自若，處變不驚，這種人定能無往不勝。

平平靜靜度難關，幸福安詳享春秋，是上佳人生。一個人能以安詳的心態，從容地看天空雲捲雲舒，看地上花開花落，看世間人聚人散，這便是一種平和安詳，也是一種永恆。願親愛的朋友們，都能及時進入美好的「安詳」狀態，快快樂樂地享受人生。

昇華寂寞

安詳與豁達寬容結伴，同寧靜慈悲為伍，以成熟豐富為內涵。如果用一句話作讚語，我以為人生最好的境界是：豐富的安詳。

---

# 10 寂寞是最好的禮物

人生的第一件大事是發現自己，
因此人們需要不時孤獨和沉思。

——南　森

何為最好的禮物？最好的禮物就是我們想得到卻又不容易得到的物品。如果寂寞對我們來說是最好的禮物，那麼誰不想得到最好的禮物呢？

有個病人肚子疼，去醫院作檢查，醫生告訴他：「不得了，你得了肝硬化，得趕快住院治療。」他一聽腿都軟了，當時就站不住了。

住到醫院後，親朋好友輪番來探望他。他也知道大家是關心他，可是他心裡就是覺得煩，覺得大家都知道了自己是個得了重病的人。有了這樣的想法後，他只要看見親朋好友來，心裡便十分煩躁。親朋好友不停地來探望，他一直煩躁，一個月下來，病情非但沒有好轉，反而更加嚴重。

　　一個月後，他對家人說：「不行，我得轉院，去外地治療。因為對我來說，最好的禮物不是大家輪番來看我，而是給我足夠的空間和時間。」得到家人的同意後，他誰也不讓陪護，隻身來到外地一家醫院治療。看他沒有人陪護，那裡的醫生問他：「不讓家人來陪你，你不覺得寂寞嗎？」他說：「為什麼呢？我覺得這樣挺好，很安靜，很適合養病。」

　　同樣是一個月後，他的病情大有好轉。又過了一段時間，竟然可以出院了。

　　有人說過：「寂寞有時是最好的良藥。」可見，寂寞對穩定情緒的作用是非常大的。在寂寞的世界裡，人可以更好地控制情緒，保持一個好心情，使自己進入豁達從容的境界，也就掌握了健康的主動權。

　　現在的生活太嘈雜。許多人總是陷於無窮無盡的日常事務和人際關係中，不能自拔。每天不是這個同事結婚，就是那個朋友請吃飯陪客人，亦或者有人請你吃飯要你幫忙做事……不去吧，別人說你看不起人；去吧，自己又實在不想去。結果能留給自己的時間與空間越來越少，越來越有限。

　　這使得我們根本無暇去瞭解自己的內心需要，不知道這一切到底是不是我們內心的真實狀態。有時我們熱情週到地待人接物，而內心深處卻想著一人看書、去旅行，甚至是一人傻傻地發呆。我們往往會在心底呼喊遠離喧囂的城市，這或許正是我們的本性。這時對我們來說，最好的禮物不是吃飯，也不是其他的物品，而是足夠放鬆心靈的時間和空間。

　　人們往往把交往看作一種能力，卻忽略了享受寂寞也是一

種能力，並且在一定意義上，是比交往更為重要的一種能力。反過來說，不善交際固然是一種遺憾，耐不住寂寞未嘗不是一種更嚴重的缺陷。

其實，寂寞對於每個人來說，都是最好的禮物。能夠畢生忍受寂寞並享受寂寞的人，往往是最快樂的人、真正懂得生活的不凡人。

和別人一起談古說今，引經據典，那是閒聊和討論，唯有自己沉浸於古往今來大師們的傑作之時，才會有真正的心靈感悟；和別人一起遊山玩水，那只是旅遊，唯有自己獨自面對蒼茫的群山和大海之時，才會真正感受到與大自然的溝通。

所以說寂寞是最好的禮物。寂寞能夠使人漸漸安下心來，建立起生活的條理，用讀書、寫作或別的事務來驅逐寂寞。寂寞本身就是一片詩意的土壤，一種創造的契機，誘發出關於存在、生命、自我的深邃思考和體驗。

寂寞又是人生中的美好時刻和美好體驗，寂寞雖然孤獨，但寂寞中卻又有另外一種充實。在寂寞的時候，我們從繁雜的人際交際和事務中抽身，回歸自我。這時候我們獨自面對自己和上帝，開始了與自己心靈以及與宇宙中的神秘力量的對話。一切嚴格意義上的靈魂生活，都是在寂寞時展開的。

從心理學的觀點看，人之需要寂寞，是為了進行內在的整合。所謂整合，就是把新的經驗放到內在記憶中的某個恰當位置上。唯有經過這一整合的過程，外來的印象才能被自我所消化，自我也才能成為一個既獨立又生長著的系統。所以有無享受寂寞的能力，關係到一個人能否真正形成一個相對自足的內

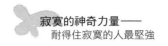

心世界，而這又進而會影響到他與外部世界的關係。

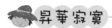昇華寂寞

　　有位名人說過：一個人沒有朋友固然寂寞，但如果忙得沒有時間面對自己，可能更加孤獨。所以寂寞是生活給予我們的最好禮物，我們要像善待生命一樣善待寂寞。

# Chapter 6

## 幸福，和寂寞有關

寂寞本不分善惡，它可以是一種無奈，更可以是一
種幸福的體驗。有一種幸福是寂寞，在寂寞的海洋
中，我們能夠深刻地思考，感悟人生的真諦，從而
感受屬於自己的幸福。

# 01 關於寂寞，關於幸福

不記得是誰說過了，寂寞是心靈的底色，
無論日常喧囂生活如何點微描畫，
這底色總是不會改變的，隱藏於我們靈魂深處，
突然在某一刻呈現，也許就在羈旅之異鄉，
也許是在夜闌人靜時分的想念……

幸福是一種感覺，一種對生活的滿足。這既是每個人追求的目標，也是整個人類追求的終極目標。

通常我們以為寂寞與幸福無緣。其實寂寞和幸福可以共存，我們在寂寞的同時，完全可以享受幸福與快樂。

一條小河，此岸遍佈荒草和荊棘，彼岸卻繁花似錦，鳥鳴嚶嚶。此岸有兩隻袋鼠，非常嚮往彼岸的生活，它們抱怨它們的母親為什麼把它們降生在這種鬼地方。母親說：「你們知道嗎？出生在這邊比那邊更安全。想要繁花似錦的生活，只要耐得住寂寞就行了。」

一天，一隻小袋鼠發現從對岸漂過來一片很大的樹葉，便迫不及待地跳上樹葉，想趁機划到彼岸去。沒想到就在它跳上樹葉的瞬間，樹葉竟然沉了下去，這隻袋鼠也被河水沖走了。

另外一隻小袋鼠耐心地忍耐著。一天天過去了，他發現對面的花謝了，草也枯了，美景逐漸不見了，便傷心地哭了起

來。媽媽知道了它哭泣的原因後，微笑著說：「你嚮往美景，你現在不正生活在美景裡嗎？」

小袋鼠向身邊一看。天啊！對面的美景怎麼全跑到這邊了，鮮花、草地……一樣都不少。媽媽告訴他：「寂寞過後，就是幸福。你懂了嗎？」

要想吃到可口的果實，你必須忍耐果子的成長；要想喝上醇香的好酒，你也要有耐性忍耐漫長的窖藏。很多事情我們必須忍耐，心急如焚不行，揠苗助長更不可取。要知道，也許正是在你長夜裡美美酣睡的時候，屋外的花蕾正競相綻放，在黎明時分為你準備了一份驚喜！

有人說寂寞是一件壞事，容易使人消沉墮落。的確，寂寞讓許多人迷失自我，變得不再自信，變得懷疑。但這並不是寂寞的錯，只能怪寂寞的人太執著，意志太薄弱而已。

那已是他一年內換的第十份工作了。他剛從一所國立大學畢業，擁有英語六級檢定證書，但第一家公司認為他沒有工作經驗；第二家公司嫌他外貌不佳；第三家公司的部門經理與他不合，他主動炒了老闆。第四家、第五家、第六家……直到第十家，他都以失敗告終。

他寂寞地來到城郊，找到一位智者，向他訴說一年間的遭遇。

智者耐心地聆聽，之後說：「你先幫我分析個問題吧：一個探險家出發去北極，最後卻到了南極，這是為什麼？」

「因為他走錯方向了，轉個身不就行了。」年輕人輕鬆地說。

「是啊，那你轉個身，不就是成功了？」智者哈哈一笑道。

瞬間，年輕人如醍醐灌頂，懂得了失敗的寶貴，興高采烈地拜謝而去。

每個人都會在人生的旅程中遭遇這樣或那樣的困難和挫折，當這些困難和挫折影響到我們的人生軌跡和心路歷程的時候，我們便只剩下寂寞。

因此如何面對寂寞，就成了每一個人都必須應對的重大人生課題。

寂寞不是冒險，冒險給人一種挑戰的快感，而忍受寂寞總是讓人處於一種無可奈何、痛苦不堪的境地。所以通常情況下，人們往往把寂寞看做人生中消極的東西。

當人遭受寂寞的時候，通常會有兩種表現：要嘛喪失希望，自我沉淪；要嘛堅毅隱忍，期待重生。前者是在強烈的打擊下，失去了積極創造和正面體驗的可能；後者則以尊嚴的方式承受寂寞，顯示了整個人性的高貴和尊嚴。

因此尋求生命真諦的途徑也就有兩種，一是從創造和體驗美好事物的過程中讓心靈愉悅，二是肯定寂寞在人生中的意義，通過承受寂寞，讓心靈得到昇華，獲得寶貴的精神價值。既然寂寞在所難免，那麼就讓我們通過寂寞，獲得精神上那筆特殊的財富吧。

 **昇華寂寞**

　　寂寞對於理性的人來說，只不過是冷靜的開始，教會我們理性地思考問題，看待生活。享受孤獨、享受寂寞，就如含一塊香濃柔滑的巧克力，口齒間全是馥鬱的甜蜜和絲一般的溫暖感受。

## 02 等待也是一種幸福

　　等待是一種艱苦的付出，是一種頑強的毅力，
　　是一種堅定的信念，是一種幸福的美好體驗。

　　等待，就要忍受一種無法排遣的寂寞。等待賦予了人生別樣的魅力，讓我們體味了艱辛，咀嚼了痛苦，感受了無奈，沐浴了憂傷。正是漫長的等待，博大了我們的人生底蘊，豐富了我們的人生內涵。也正是經過了漫長的等待，我們才更加珍惜因等待而得來的結果，從而更加珍愛生活，珍視生命。

　　在一座村莊裡，劉家和李家是鄰居，他們各有一雙兒女。隨著兒子和女兒逐漸長大、入學，高昂的學費使兩家的生活越來越困難。劉家想快點結束貧困的生活，在兒女上完初中後，便讓他們外出打工去了，生活便些許好了起來。而李家則繼續供兒女上學，節衣縮食，貧困至極，但他們始終咬牙挺著。

　　一年，兩年……十幾年後，終於有了結果。劉家的一雙兒

女依然在外打工，做的都是體力工作，收入也僅夠一家吃穿。李家就不一樣了，兒子女兒大學畢業後，都有了體面的工作，買了房，還把二老接了去，過起了幸福的日子。這時劉家開始了羨慕與後悔……

就像劉家和李家那樣，一直以來，我們也都在努力地尋找幸福。幸福是什麼呢？這似乎已經成為每個人探討的話題。其實幸福很簡單，它往往蘊藏在追尋幸福的等待之中。幸福是達到目標後所獲得的快感。沒有等待的煎熬和努力，幸福又靠什麼來充實呢？

所以在幸福之門尚未打開前，我們需要多一點耐心去等待。也許這種等待是一種寂寞，可當你勇敢地挺過去，結果也許就是柳暗花明的幸福美景。

其實人的一生彷彿就是等待的一生。生命的過程本來就是一個等待的過程：母親等待自己孩子長大，妻子等待自己的丈夫平安歸來，癡情的戀人等待心愛的人帶著自己去找尋屬於他們的世外桃源……

等待是一件美麗又苦澀的事情，但也是一件幸福的事情。就像獨自品味一杯苦咖啡，初入口中會有心底發苦的感覺，可當你緩緩嚥下、細細品味的時候，卻會感覺有另外一種清香長留腮間，漸漸地沁入心脾，那是一種甘醇的美。

在等待過程中，沒有一蹴而就的成功，也沒有信手拈來的幸福。所有的東西都要我們付出艱辛去追求，付出汗水去培育，付出耐心去等待，等到理想的實現，等到幸福的到來。

然而很多時候我們都太注重結果，只把「擁有一個結果」

作為最後的結果，而沒有足夠的耐心去讓這個結果更美滿。

有對極其平凡的情侶，他們來自偏遠的鄉下。男孩是一家公司的企劃，女孩是一家公司的行政人員。男孩很愛女孩，他想讓女孩生活得更加幸福，便在一次競爭企劃項目時，偷了別人的企劃案。最終，把自己送進了監獄。

女孩知道後痛苦萬分。她告訴男孩，她會等他，等他出來給她真正的幸福。然後，女孩在離監獄最近的地方租了間房子，找了個能糊口的工作。就這樣，女孩守了三年後，男孩刑滿釋放。重獲自由後的他，被女孩的癡守感化，腳踏實地從頭做起，十年後，擁有了一家屬於他們的公司，有屬於自己的房子。雖然十年很漫長，但他們卻很幸福。

有人說幸福最終取決於意志的較量。取得幸福一般需要相當長時間的等待。

也許你會說，等待是一件痛苦又寂寞的事情，還不一定有一個好的結果，為何還要等待？等待，也許最終結果是惆悵和無奈。但是要知道世界上諸事圓滿是美好的，但遺憾也是一種美好。人們常說「花未全開月未圓，此是人間好境界」。人生如果在等待成功的過程中留下了遺憾，那麼可能會在親情或友情上得到補償；如果在等待愛情的過程中留下了遺憾，那麼可能會在事業上得到補償……

所以不必太過惆悵，開心地等待也是好的。

等待會使人的心態到達超凡脫俗的境界，使人的價值理念得到更高的昇華，是歷練人們心性的重要途徑。在等待中平靜下來吧，心如止水，從急功近利中走出來吧，憑著一顆平常

心，看紅塵飛舞，品世事沉浮。

 昇華寂寞

　　等待是最美好的希望。馬丁・路德・金說：「可以接受有限的失望，但是一定不要放棄無限的希望。」為了把希望變成現實，我們就要執著地等待。只有堅忍不拔地等待，才會等來燦爛明媚的早晨！

 *03* 寂寞也幸福

當我們不能改變天氣時，可以改變自己的心情。

這，就是人生的一種幸福。

　　和坐輪椅的人相比，擁有一雙舊鞋是幸福的；和癱瘓在床的人相比，能坐輪椅是幸福的；和死亡相比，活著就是幸福的……和苦難相比，寂寞是幸福的。

　　有個銷售員，生活窮困潦倒，每天都埋怨自己懷才不遇，總是感歎命運在捉弄他。

　　春節前夕，家家戶戶張燈結綵，到處充滿著佳節的熱鬧氣氛。他孤單地坐在廣場的青石板上，開始回顧往事：去年的今天，他寂寞一個人，以醉酒的方式度過了他的春節。今年，他

還是寂寞一個人……這日子，實在是太寂寞了。

「唉，今年我又要寂寞地醉一場了。」說著，他拿出準備好的烈酒，打算以酒驅散寂寞。這個時候他突然看見大街上走過來一老一小兩個盲人，老的扶著小的，蹣跚地過著馬路。他頓悟：「我還能寂寞地享受大街上的風景，是多麼幸福呀！」

之後，推銷員不再抱怨，每做任何一件事都心平氣和，珍惜每一次機會，發憤圖強，力爭上游。數年之後，生活在他面前終於徹底改變了，他成了一名百萬富翁，擁有了如花美眷和可愛的兒子。

環顧生活的周圍，我們會發現，社會上有許多身體有缺陷的人，但他們對生活充滿了信心，對任何事都不抱怨，反而自立自強，脫穎而出，成為有用之才。而有些身體健全的人，卻厭倦生活，厭倦人生，抱怨同事，不滿意自己的工作……不知不覺地陷入了人生的絕境。

寂寞對每個人來說，並非什麼苦難，只是一種心靈的感受。在紛繁的世界中，我們的人生常常被某些無形的枷鎖困住了。名利、貪慾是枷，嫉妒、偏狹是鎖。這些枷鎖讓我們的生活有了遺憾，有了痛苦，有了寂寞感。其實這大可不必，只要我們掙脫了心靈的枷鎖，也就覓得了幸福。

曾經在一個演出中聽到主持人這樣問：「現在有哪位自認為是我們觀眾中最年老的？」

「我想我最老，」一位微笑著的老婦人回答說，「我今年九十二歲。」

那主持人問：「老祖母，您看來真是非常快樂、非常年

輕。您不說，我還以為您只有六、七十歲呢。您可不可以給我們年輕的一代一點追求幸福的暗示呢？」

「我從來沒有追求過幸福，年輕人。」老婦人說，「我只是隨遇而安，時常找個地方坐下來休息，讓幸福來追求我。」

生活中，許多人喜歡追求幸福，但真正的幸福沒有幾個人能追求到。其實過分地追求，會錯過身邊很多可愛的人和美麗的風景，有時由於頑固的執著，還會傷及他人。

有時候缺憾是一種美，寂寞也是一種幸福，就看人們是否能體會得到。逃避寂寞不一定能夠躲得過，面對不一定最難受，孤單不一定不快樂，得到不一定能長久，失去不一定不再有，轉身不一定最軟弱。所以別急著說你一無所有，別以為世上只有寂寞，許多事情的答案都不只有一個，我們永遠有路可以走。

所以當你感到寂寞的時候，請不要抱怨生活的不公平。至少你有一顆公平的心，來選擇你是幸福的還是悲傷的。

### 昇華寂寞

緊閉的心靈，即使用盡心機，竭力奔波，找來再多的繁瑣東西，也無法將它裝滿，那真是徹底的寂寞。今天，人們忙著用物質生活來令自己滿足，卻不知過度地追求物慾，正是造成心靈寂寞的主因。其實能填滿自己寂寞心靈的，只有自己。

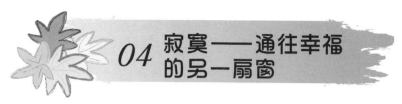

## 04 寂寞——通往幸福的另一扇窗

上帝關閉了一扇門，
必會為你開啟一扇窗。

　　曾經讀過一個耐人尋味的故事：一個小女孩心愛的玩具壞了，她非常傷心地趴在一扇窗邊，看著別人慢慢地將自己的玩具丟到垃圾筒裡，不由得流下了悲傷的眼淚。

　　這時，她的母親走了過來，輕輕地對她說：「寶貝，你為何不打開另一扇窗呢？」小女孩聽了，便一邊流淚一邊慢慢打開另一扇窗。突然，她被眼前的美景深深地吸引了：窗外各種各樣的鮮花競相開放，美麗的蝴蝶、辛勤的蜜蜂，還有很多很多叫不出名字的小鳥，正在熱鬧地穿行其中。看著看著，小女孩不禁破涕為笑，心情好了許多。

　　人生路上，我們會無數次被碰到的逆境擊倒，我們常常覺得自己一文不值，孤獨寂寞。但無論發生什麼，或將要發生什麼，在上帝眼中，我們永遠不會喪失價值。在他看來，無論骯髒或潔淨、貧窮或富有，我們依然是獨一無二的珍寶。有時候寂寞只是上帝為我們打開通往成功的另一扇窗。

　　有一個人，四十六歲的時候，被一次很慘的機車意外事故燒得不成人形，四年後又在一次墜機事件後，腰部以下全部癱瘓。

試問，假如換作你，你會怎麼辦？你或許以為，這輩子就只能在孤獨寂寞中老去了，或者有其他消極的想法。

但是四級殘廢的他卻變成了百萬富翁，可以興致勃勃地泛舟、玩跳傘……

他就是米契爾。那次機車意外事故，把他身上百分之六十以上的皮膚都燒壞了，面目可怖，手腳變成了不分瓣的肉球。為此，他動了十六次手術。手術後，他無法拿叉子，無法撥電話，也無法一個人上廁所。但米契爾從不認為自己被打敗了。他看著鏡子中難以辨認的自己，想到某位哲人曾經說的：相信你能，你就能！

他很快從痛苦中解脫出來，經過努力奮鬥，變成了一個百萬富翁，在科羅拉多州買了一幢維多利亞式的房子，另外還買了一架飛機及一家酒吧。後來，他和兩個朋友合資開了一家公司，專門生產以木材為燃料的爐子。

有贏有輸、有喜有悲才是多彩的人生。米契爾將傷痛看成沒什麼大不了的事情，並以此為動力，做出了許多常人做不到的事情。

麥吉的經歷和米契爾的非常相似。他曾是耶魯大學戲劇學院畢業的美男子，二十歲時因車禍失去了左腿。他依靠一條腿，成為全世界跑得最快的獨腿長跑運動員。三十歲時厄運又至，他遭遇生命中第二次車禍，從醫院出來時，他成了一個四肢癱瘓的人。

絕望的麥吉感到非常寂寞，他開始吸毒，醉生夢死。但是他很快在寂寞中想通了，決定開始他的下一步人生規劃。他不

但攻讀神學博士學位，還幫助困苦的人解決各種心理問題，以樂觀的笑容給逆境中的人們送去溫暖和光明。

有句話說得好：上帝關閉了一扇門，必會為你打開一扇窗。假如你在人生的道路上遇到了阻力，不妨試試走小道，或許這條小道是通向成功的捷徑呢。

有的人不能很好地面對挫折或失敗帶來的寂寞，於是當他們遇到一些經濟、生活或名譽上的挫折、失敗時，思想就崩潰了，進而走上了犯罪或輕生的不歸路。這是一些經不起寂寞考驗的人，他們不會擁有幸福。

我敬佩那些善於從寂寞中找到出路的人，他們有善於發現的眼睛和寬闊的心境。曾經有位飽受寂寞的人說：「難道有永遠的寂寞嗎？不！我寧可忍受寂寞，也不要被慾望吞噬。因為寂寞會為我打開另一扇窗。」

### 昇華寂寞

世上的任何事都是多面的，我們看到的只是其中的一個側面，這個側面或許讓人痛苦，但痛苦卻往往可以轉化。也許當你寂寞的時候，只是處於痛苦與幸福互相轉化的時候。記住，即使是佈滿荊棘的山路，你也一樣能走過去。

# 05 把寂寞當樂趣

寂寞帶給我們的樂趣，
就在於怎樣跨過一道又一道柵欄；平坦，
反倒顯不出我們的腳力與速度。

　　沈從文大師曾說過這樣一句話：「孤獨一點、寂寞一點算什麼，等到什麼都失去的時候，你就會發現原來還有一個你自己。」所以等到學會享受寂寞的時候，你會突然發現，原來寂寞也是一種樂趣。

　　不管是做什麼事情，關鍵看你的心態。你的心態好的話，能夠正確對待事物，用理智分析，用智慧行動，你自然就能享受寂寞，就不會有痛苦。俗世中很多人，往往為了一些不切實際的目的耗費自己的生命，而且方法不得當，那樣不痛苦才怪。不論寂寞有多難熬，只要我們正確對待，就會是一種樂趣。

　　能否正確對待寂寞，實際上取決於我們內心處理寂寞的態度和能力。很多時候你如果把寂寞當成煩惱，那麼寂寞就真的很難熬；如果你把寂寞當作考驗自己能力的一種樂趣，那寂寞又何嘗不是一次幸福的機會呢？

　　超和勇是好朋友，他們兩個在大學即將畢業的時候，選擇到同一家公司實習。這家公司是跨國大企業，薪水和待遇都很

好，來這兒實習的學生都想被留下，他們兩個也不例外。於是兩人勤奮有加，凡事搶著做。兩人的勤快、能幹，很快便得到了辦公室所有人的喜愛和讚賞。

出乎意料的是，公司發出了人員已滿、近日不招聘員工的通告。超和勇很遺憾，在實習的最後一個月裡，大家對他們兩個都小心翼翼的，不敢和他們多說一句話。

超的情緒很激動。他把大家不和他說話的原因歸結到看不起他上，每天都像灌了一肚子火藥似的，逮著誰就向誰開火。勇則不這麼認為。他想：大家不理我，是給我留下更多的學習空間，我一定要把握好機會，利用這一個月好好學習公司的經驗。

一個月過去後，結果出乎所有人的意料。公司竟然摘掉了公告，聘用勇為該公司的正式員工。辦公室主任當眾傳達了老闆的話：「其實這個張貼的公告，是老闆考驗你們的一個方式。恭喜你順利通過考驗，獲得了你想要的工作。從明天起，老闆將給你加薪，你將正式成為這裡的一分子。」

看到了吧，聰明的人懂得把寂寞當作學習的機會，而愚蠢的人則牢牢守住自己永遠的失敗。如果我們的一顆心總是被灰暗的風塵覆蓋，乾涸了心泉、黯淡了目光、失去了生機、喪失了鬥志，我們的人生軌跡豈能美好？而如果我們能保持一種健康向上的心態，即使我們身處逆境、四面楚歌，也一定會有「山重水盡疑無路，柳暗花明又一村」的那一天。

寂寞是人生不可多得的珍貴體驗。如何讓寂寞變成一種樂趣呢？我們不妨這樣做：

學會傾訴。當遇到不幸、煩惱和不順心的事時，切勿把心

事深埋心底，而應將這些煩惱傾訴出來。如果沒有頭腦冷靜、善解人意的朋友，自言自語也行，對身邊的動植物講都行。

**出門旅遊**。當一個人心理不平衡、有苦惱時，應到大自然中去，讓人體的器官和組織得到充足的氧氣，神經得到放鬆，心理得到平靜。

**閉門讀書**。讀感興趣的書，能拋開塵世間的一切煩惱。

**聽聽音樂**。音樂是人類最美好的語言。輕鬆愉快的音樂會使人心曠神怡，沉浸在幸福愉快之中而忘記煩惱。放聲唱歌也是一種氣度，一種解脫。

**做做好事**。幫助別人，能夠獲得快樂，平衡心理，還能使內心得到安慰，感到踏實。仁慈是最好的品質，你不可能去愛每一個人，但你要盡可能和每個人友好相處。在別人需要幫助時，伸出你的手，施一份關心給人，你也會得到快樂。

**學會遺忘**。忘記煩惱、忘記憂愁、忘記苦澀、忘記失意、忘記昨天、忘記自己、忘記他人對你的傷害、忘記朋友對你的背叛、忘記脆弱的情懷、忘記你曾有的羞悔和恥辱…這樣你便可樂觀豁達起來。

人生的道路是曲折坎坷的，恥辱、貧窮、誹謗、嫉妒、酸楚等能夠使我們寂寞。但是寂寞的時候，我們可以將之當成一種快樂。

### 昇華寂寞

寂寞是心靈的一種體驗。人生短暫，萬事俱應想得開，隨時隨地保持心理平衡，守平常心，處變不驚，笑口常開，瀟灑走一回，自會快快樂樂地過一生！

# 06 在寂寞裏發現幸福

*適當的寂寞，往往會收穫意外的幸福。*

風風雨雨，酸酸甜甜，才是人生，只要我們能以積極樂觀、向上進取的心態看問題，即使是在寂寞的時候，也能找到幸福。

常常聽到有人抱怨自己容貌不出眾，抱怨今天天氣糟糕透了，抱怨自己孤獨寂寞……剛一聽，還真以為上天對他不公平了，但仔細一想，容貌天生，不能改變，但你可以展現笑容；天氣不能改變，但能改變心情；你孤獨寂寞，但可以找到真我。人生路上不盡如人意之事太多了，為什麼非要鑽牛角尖？轉個身，說不定就會有意料不到的收穫。

美國報業大王盧斯一九二三年創辦了《時代》週刊，曾經風靡全球。接著他又創辦了時代公司。正當他的事業如日中天時，遭遇了一九二九年美國的經濟大蕭條，整個出版界陷入了困境，不少雜誌被壓縮或停刊，盧斯也陷入困境之中。

在困境裏，他沒有驚慌失措，而是冷靜地思考著如何在危險中尋找機會。他認為正因為經濟危機，大批失業的工人，才會更加關注當前的經濟形勢和有關評論、分析。所以當許多出版商壓縮或停產時，盧斯報導企業和金融動態的全新雜誌——《幸福》問世了，立刻大受歡迎。

　　生活需要彎曲的藝術，做人做事需要一點彈性空間。遇到承受不了的壓力時，不要一味地硬挺，你自己累，身邊的人也累。適當地彎曲一下，寂寞地思考一下，人生也許就會開闊許多。說不定幸福就在眼前。

　　一對夫婦為了挽回他們處於危機的婚姻，相約做一次旅行。

　　他們來到一個山谷，山谷並無特別之處，只是有一處引起了他們的注意：山谷的一側長滿了楊樹等樹木，而另一側長滿了柳樹。因為當時正下著大雪，他們就搭起了帳篷。結果他們發現，長滿柳樹那側的雪，總比長滿楊樹的雪來得大。

　　夫妻倆經過認真觀察發現，柳樹的枝幹富有彈性，當雪積到一定程度的時候，柳枝就會向下彎曲，直到雪從枝上滑落。而楊樹沒有這個本領，樹枝就被壓斷了。

　　發現這個後，夫妻倆好像明白了什麼似的，相互擁抱在一起。

　　看來，困境好似一個銅錢的兩面，翻過來是背面，順過去就是正面。喧囂的都市不一定能夠讓我們找到生活的真理，反而是寂靜的山谷給我們的心靈啟示。對於在寂寞中善於動腦的人來說，寂寞反而充滿機遇。同一件事情、同一種現象，在不同的人眼裡，是機遇還是危險，那是仁者見仁、智者見智的問題。

　　不過我們在現實生活中說到「寂寞」的時候，常常只看到它令人傷痛的一面，而看不到幸福的一面。我們一聽到寂寞、孤獨等字眼，立刻覺得這是一個可怕的詞語。

正如生活中我們常常聽到諸如「現在生意不好做啦」、「經濟環境不好啦」、「資金不足啦」……當一個人總是說「不可能」、「不可能」時，也許就真的不可能了。有信心不一定能贏，但沒有信心一定會輸。

這世上的事情十之八九都是寂寞與幸福並存，災禍和幸運相依，有利有弊，有得有失。最危險的地方往往最安全，最安全的地方也許最危險。沒有過不了的火焰山，也沒有天上掉下來的錢。這些道理誰都明白，可當寂寞真正降臨在面前時，我們又往往不知所措，愚不可及，只看到其可怕的一面，一味誇大兇險，似乎末日來臨，惶惶不可終日。殊不知，兇險的重重迷霧之後，是柳暗花明的奇山秀水。

寂寞是生活的試驗劑，如果不能在寂寞中善於發現的話，那麼你就無法找到幸福。

### 昇華寂寞

面臨寂寞的我們，最重要的是不能被寂寞所左右，要始終胸懷夢想，對生活抱有希望，只要一息尚存，就永不言棄。因為失去了夢想，生命就像斷了線的風箏、折了翅膀的雀鳥，再也不能夠飛翔。當我們遇到寂寞時，我們不能悲觀動搖、頹廢畏縮，更不能放棄人生的目標。我們要把那些寂寞看成是過程，而不是結尾。這，就是一種真正的幸福。

# 07 把寂寞忍成幸福

對於追求幸福的人來說，
忍受寂寞是必須具備的基本素質。
忍受寂寞是一種能力，
而能在忍受寂寞中突重拼搏，更是一種本領。

曾看到過這樣一則小故事：一棵西瓜苗，忍受著夏日烈炎和暴風驟雨，努力地結出了一個大而飽滿的西瓜，它希望第一個為主人送上夏日的清涼。但是事實卻令它很失望，每次主人都只是對著它敲幾下就走了。直到田地裡的西瓜都快被摘完了，主人才將它摘下。讓它驚喜的是它的種子很榮幸地被留了下來。

從這個簡短的故事中，我們能領悟到這樣一個道理：幸福，是需要忍耐的。

人總是會遇到挫折與失敗，總會被寂寞團團圍住，甚至在此時還會有人對你冷嘲熱諷、百般羞辱，如果我們無力反抗，只有忍耐。

忍耐不是一味地退讓和忍受，而是在尋求勃發的機會，在虛懷若谷中沉澱自己、反思自己、默默充實自己。此時的忍耐只是一種暫時的退讓，避免不必要的碰撞，從而讓自己冷靜下來，思考得更多更深。這種忍耐也考驗著我們的意志，只有堅

強的人才能經受得住考驗，才能在挫折中處於不敗之地，並尋求致勝之道。

忍耐有時是追求幸福的一種方式。生活就是如此，對於無力無助的小人物來講，在生活的困境中還能笑得出來，還能品味幸福，需要忍耐。

有一對剛剛結婚的小夫妻，本以為從此夫唱婦隨，美滿幸福。誰知兩人卻因為生活中一些雞毛蒜皮的小事整天吵吵鬧鬧。女人心想：原來那個溫柔體貼、好脾氣的男人哪裡去了？難道我就要跟這樣一個抵死不肯認錯、什麼事都要跟我針鋒相對的男人過一輩子？一氣之下，女人回了娘家，男人回歸單身。

分開了一段時間後，女人忍不住去跟母親訴苦。母親卻說，天下沒有不吵架的夫妻，你們總是爭吵不休，不是因為你們有天大的矛盾，只是因為你們欠缺耐心和細心。你總認為男人應該有寬闊的胸襟、包容的氣度，讓你任性胡來，而他也是初為人夫，年輕氣盛，憑什麼就得事事都讓著你？

母親還說：夫妻就像是對方的鏡子，假如你沒有足夠的耐心和勇氣去對他笑，又怎麼能夠攜手一生？

是啊，忍耐一下又何妨？漸漸地，女人改變了自己的態度，發生矛盾時強迫自己閉上嘴，回到臥室默默數數，然後換一種表情出來和他一起看電視裡的各種球賽轉播。男人也逐漸溫和起來，有了不同意見總是輕聲細語慢慢道來，大多數時候都會退讓。看電視不再跟她搶遙控器，偶爾出差不忘記買小禮物回來……

想不到，忍耐竟讓瀕臨倒塌的婚姻之牆修復一新。看來，幸福真的需要忍耐。

很多時候「智慧」可能失敗，「天才」可能無能，「機智」與「手腕」也可能束手無策，甚至連「希望」也可能宣告絕望。這個時候如果心中走來了「忍耐」，不後退，不放棄，當別人停止前進時你仍然堅持，當別人失望放棄時你仍然行進。那麼你的生活就會出現轉折，轉敗為勝，轉痛苦為幸福。於是不可能成為可能，生意做成了，事業成就了……

寂寞也需要忍耐，具有忍受寂寞的能力是獲得幸福的必備條件，忍受失敗的能力是重新振作的力量泉源，忍受屈辱的能力是成就大業的必然前提。「忍受」能力，在某種意義上構成了通向幸福的巨大動力。不能忍受寂寞的人，是不可能長久幸福的。

忍耐代表著寬容。面對惡言相加，我們忍耐，並不是因為我們畏懼，而是因為我們有一顆寬容的心。面對譏笑與諷刺，我們忍耐，並不是因為我們懦弱，而是因為我們有博大的胸懷。

忍耐可以使我們以一顆冷靜、平常的心態對待各種困難，在時機不成熟時保存實力，在機遇來臨時發揮自己的能量。忍耐使人更加成熟，使人能更深刻地領悟人生。

 **昇華寂寞**

幻想即刻幸福，不如在艱難寂寞當中忍耐，一旦時機成熟，必然水到渠成。諺語云：「萬事皆因忙中錯，好人半自苦中來。」許多成功都在忍耐多次的寂寞和失敗後，愈挫愈勇，最後到達幸福的彼岸。要想生活得幸福安康，需要在寂寞中耐心觀察，等待因緣。

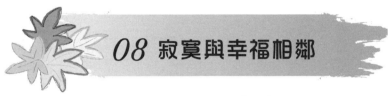

# *08* 寂寞與幸福相鄰

幸福就像夕陽，人人都可能看見，
但多數人的眼睛卻望向別的地方，因而錯過了機會。
——馬克‧吐溫

每一個人都渴望擁有幸福的人生，但並非人人都能獲得幸福。這並不是因為得到幸福有多難，而是因為我們沒有看清幸福的本質。

幸福是什麼？從古到今，許多人曾經試圖去定幸福的含義。是擁有無盡的財富？是衣食無憂的生活？還是受人注目的地位？如果這些都不是，那麼什麼是幸福呢？

其實幸福很平凡。幸福只是一種感覺，與貧富無關，與內心相連，它就在我們身邊，也許只有一牆之隔，也許就在轉身

剎那。

有一個年輕人，他一直為找不到自己的幸福而終日抱怨。痛苦絕望之下，有一天，他來到大海邊，打算就此結束自己的生命。

在他正要自殺的時候，正好有一位老人從附近走過，看見了他，並且救了他。老人問他為什麼要走絕路，他說自己得不到幸福，感覺很寂寞……

老人將他領到一座堅固的鐵牢裏，給他一串鑰匙，說：只要你能從這個牢房裏走出去，便能找到屬於自己的幸福。

年輕人聽後，拿著鑰匙來到牢房的大門前，用力地開大門的鎖。可是三十分鐘過去了，年輕人小心翼翼地試完了所有的鑰匙，也沒有打開大門的鎖。一個小時過去了，他又試了一遍，還是打不開。兩個小時過去了，他找遍了整個牢房，還是找不到打開牢房鎖的鑰匙。最後，他筋疲力盡地順著牢房的牆壁滑坐在了地上，心想，莫不是老頭要我？

就在這時，牆壁被他靠倒了。原來這個牢房看似牢固，其實是用木板立的，只有大門比較牢固。

生活中，我們常犯和年輕人一樣的錯誤，認為通向幸福的大門都是上了鎖的，因而喪失了許多得到幸福的機會。其實幸福或許就在與我們相鄰的地方，只是我們不願去碰觸。

幸福很簡單。曾經看過這樣一個故事：

繁華的大都市不斷接納著來自各方的打工者，其中有一對夫妻也帶著一雙兒女來到了繁華的都市。夫妻倆是一家電子廠的臨時工，不但要辛苦地賺到足夠的生活費，還要供兩個小孩

上學。

在周圍人看來，他們的日子一點都不幸福：一家四口人擠在不足十坪的房間裏面，傢俱和各種生活用品擺得雜亂無章……他們沒有足夠的金錢，沒有與別人競爭的本錢，他們只是很安靜地偏立於一個默默無聞的角落，在一個很小很小的空間裡過著自己的生活。

可是奇怪的是他們卻經常把幸福掛在臉上：每天下班後，女主人哼著歌，悠閒地地洗衣、做飯；傍晚的時候，夫妻倆一人牽一個孩子，伴著暖暖的夕陽外出散步，一路歡聲笑語……

原來，幸福不完全取決於金錢。

古往今來，無數人執著地追求著各自心目中的幸福。嫦娥懷抱著幸福的夢想，吞下了長生不老丹，飛上九天，成了月中仙子，可是獨守著寒冷的廣寒宮，她是否幸福呢？

嗜財如命的葛朗台，擁有財富大概就是他最大的幸福。但當他年老力衰地坐在輪椅上念念不忘他的金子時，這樣的幸福是多麼的可悲。

許多時候人們不是得不到幸福，而是幸福就在身邊卻視而不見。常常聽見一些人抱怨收入低、壓力大，沒有錢、沒有車、沒有房子。是的，這些也許都是事實。可是周圍許多人也許比你更低微、更貧窮、更無助。跟他們相比，我們還有什麼值得抱怨的？

到底什麼才是真正的幸福？杜甫有詩云：「安得廣廈千萬間，大庇天下寒士俱歡顏。」這是杜甫認為的幸福；「安能摧眉折腰事權貴，使我不得開心顏。」自由自在的幸福是李白的

人生寫照；司馬遷用「人固有一死，或重於泰山，或輕於鴻毛」詮釋了自己對幸福的理解；而登上岳陽樓的范仲淹面對滾滾的江水，吟誦著「先天下之憂而憂，後天下之樂而樂」，以此為幸福……

原來幸福離我們並不遠。幸福和寂寞一樣，就是一種感覺。在我們的心裡，寂寞在左，幸福在右，互相為鄰，轉瞬即到。帶著一顆懂得幸福的心去生活，幸福就會永遠和你同在。

### 昇華寂寞

有人說幸福很難，有人說幸福很簡單，其實幸福就在你身邊。用一句流行語：「幸福」就是貓吃魚，狗吃肉，奧特曼打小怪獸。幸福就是時刻感到滿足，幸福就是好好珍惜現在所擁有的一切，包括寂寞。

## 09 一粒沙的幸福

幸福只是一種心態。你感到幸福，生活便幸福無比；
你感到痛苦，生活便痛苦不堪。

很久很久以前，在寂靜的海底躺著一粒沙。水下風平浪靜，這粒沙平安地度過了好多年。可是它始終覺得自己很不幸福，生活得寂寞難耐。

　　它拼命地晃動自己的身體，想要離開水底。一天，一股暗流襲來，將它捲進了一個黑洞裡。它知道，它進入了一隻蚌的身體。它想，終於有了出頭之日。多年以後，這粒沙裹在珍珠的體內被人們取了出來。這粒沙太高興了，它終於不再寂寞。可是它的高興沒有持續多久，因為外面的世界雖然很精彩，但是也很無奈。它先是被賣來賣去，後又被丟在馬路上，在飛馳的車輪下滾來滾去，幾次差點喪命。後來它被一個小男孩撿到。又過了好多年，小男孩長成了男人，在一次出海的時候把它丟進了大海裡。

　　這粒沙又重新回到了大海的懷抱。這時它覺得自己實在太幸福了。因為它終於結束了流浪危險的生活。

　　就像這粒沙那樣，凡塵俗世中，總有許多不甘寂寞的心，會抱怨生活平淡無奇、日子索然無味。於是燈紅酒綠中多了些買醉的身影，麻痺了的心靈再也生不出詩情畫意的風花雪月，曾經的美好被滄桑替代……

　　他們時常在想，幸福在哪裡？幸福離我有多遠？其實幸福就在他們身邊，只是他們沒有察覺而已。

　　小的時候有親人溫暖的懷抱，有可親可愛的夥伴陪著自由玩耍，是一種幸福；隨著時間逝去，成長中的我們在一次次戰勝困難的時候，也會領略到幸福的滋味；長大後，經歷著一次次的愛戀、傷痛後，猛然發現，這一切都意味著某種幸福。

　　曾聽說過這樣一個故事：有一個人非常幸運地獲得了一顆碩大而美麗的珍珠。然而，他並不感到滿足，因為那顆珍珠上面有一個小小的斑點。

他想，若是能夠將這個小小的斑點剔除，那麼它肯定會成為世界上最珍貴的寶物。於是他就下狠心削去了珍珠的表層，可是斑點還在；他削去了一層又一層，直到最後，那個斑點沒有了，珍珠也不復存在了。

那個人心痛不已，從此一病不起。在臨終前，他無比懊悔地對家人說：「若當時我不去計較那一個斑點，現在我的手裡還會摸著一顆美麗的珍珠啊。」

生活中，我們每個人都在尋找著屬於自己的珍珠，有的人本來已經擁有了珍珠，看起來卻仍很煩惱；有的人貌似沒有珍珠，看起來卻很幸福。所以人生的幸福是自己給的，不是不容易得到，而是看你願不願意得到。

世界上尋找幸福的人通常有兩類：一類像在登山。他們以為人生最大的幸福在山頂，於是氣喘吁吁、窮盡一生去攀登。最終卻發現，他們永遠登不到頂，看不到頭。他們並不知道，幸福這座山原本就沒有頂、沒有頭。

另一類也像在登山，但他們並不在意登到哪裡。一路上走走停停，看看山嵐、賞賞虹霓、吹吹清風，心靈在放鬆中得到了某種滿足。儘管不是大愉悅，但是這些瑣碎而細微的開心，也足以縈繞心扉。

也許幸福並不是一種完美和永恆，而是心靈和萬物的一種感應和共鳴，是一種生命和過程的美麗，是一種內心對生活的感覺和領悟。就像花朵在黎明前開放的一刻、秋葉在飄落的瞬間、執手相看的淚眼、心中的月圓月缺……每個快樂的時光都是幸福的。

對於寂寞的心靈來說，只要時時能夠得到快樂，便已得到了幸福。

 昇華寂寞

幸福總圍繞在別人身邊，煩惱總糾纏在自己心裡，這是大多數人對幸福和煩惱的理解。其實每個人都是幸福的。只是你的幸福，常常在別人眼裡。就像卞之琳《斷章》所寫的那樣，我們常常看到的風景是：一個人總在仰望和羨慕著別人的幸福，一回頭，卻發現自己正被別人仰望和羨慕著。

## 10 寂寞，不必苦惱

寂寞是種清福。

喝過黃連水，才知井水甜；度過黑夜的人，才知道光明的可貴；經歷過寂寞的人，才會瞭解真正的幸福。幸福，就是寂寞過後平平淡淡的生活。

寺廟門前有一片荒地，什麼都不長，年年都那麼荒著。沒有誰去注意這塊荒地，也沒有人會想到它有什麼用，更不相信它有朝一日會成為一道風景。

寺裡有一個和尚，雙目失明，還是一個瘸子，大家都說他是來寺裡混吃混喝的，沒人願意理他，更沒人想到這樣一個寂

寞的人，會和一片荒蕪的土地連在一起。

　　這個雙目失明的和尚沒有把荒地當成荒地，在別人誦讀經書時，他卻摸著鋤頭一瘸一拐地來到地裡一鋤一鋤地整理，播下了一粒粒花種。日復一日，他一有空就到地上忙碌，那些耳聰目明的人以為他是寂寞得發了瘋。然而就在別人的譏笑中，和尚撒播的花種發了芽、長了莖、綠了葉。一夜春風過後，花蕾全部綻放，其他和尚步出寺門，在美麗的花朵面前，全都呆了。

　　這世上，沒有長不出希望的荒地，也沒有無用的人，只要有心，哪裡都會充滿希望。

　　人生的幸福美滿其實就是一種感覺，一種心情。你是歡欣鼓舞、輕鬆快樂，還是孤獨苦悶、疲勞不堪，主要由心態來支配。我們必須學會經常讓心靈放個假，做到內心平衡安寧，才能感受到生活的輕鬆快樂和人生的幸福美好。

　　這個心靈的假期，這份寧靜的心境，便來自於寂寞。寂寞的時候可以看看天、看看雲、看看海，讓心靈沉浸於水明山色之中，享受「岩上無心雲相逐」的恬然之境；可以讀讀書、讀讀報，享受一篇篇美文、一首首好詩、一句句佳句。

　　蘇軾無疑是文壇的雄鷹，他是高歌「大江東去」的巴蜀大漢，他是低吟「十年生死兩茫茫」的癡心之人。然而，這妙言佳句竟都出自他被貶之後，即是他人生的寂寞之時。是寂寞讓蘇軾放下了政界的勾心鬥角，是寂寞讓蘇軾卸下了官場的喧鬧，是寂寞讓他冷靜思考，而後開始了寂寞而不孤獨的人生。

　　陶淵明曾是一個牧童，「問君何能爾？心遠地自偏」，這

是多麼難得的寂寞。寂寞讓他的心靈得到了昇華和永生，是寂寞讓他站在高處，俯視生靈，特立思考。

有朋友說，「一杯茶，一觚酒，一支煙，一本書，一面牆」，便能詮釋寂寞的含義。我說，「享受寂寞如空階聽雨」，當你一個人坐在陽臺上，隔著窗兒，聽空中「滴答滴答」落下的雨滴，敲打著樹葉，敲打著地面，煩躁的心靈復歸平和，產生一種超然的幻覺，淨化被慾望侵蝕的心靈，那會是怎樣一種悠然呢？

在越來越喧鬧的塵世中，人們越來越需要一份寂寞。寂寞可以讓人感覺到一種空靈悠遠的境界。在這種境界中，我們可以脫離塵世的喧囂，任思緒盡情飛揚，任想像自由翱翔，讓憂傷透徹沉默，讓痛苦在此發光。

寂寞時，還可以與自己交談，任思緒如涓涓小溪自在流淌，隨意取一瓢飲，細細把玩品味，或形之於文字，不也是一件幸事？

真正意義上的寂寞是一種文化底蘊的體現，含蓄、雋永；是一種理性有層次的思考，深刻、清醒；是一種精神領域的探求，睿智、通達。寂寞到了深處就不會把它掛在嘴邊，而只是淡淡地一句「天涼好個秋」，便蘊涵了所有的意境。

感受寂寞是一門學問，也是一門藝術，寂寞有時候也是一種快樂的體驗；耐得住寂寞是一種風度，也是一種功夫，這是人生的一種境界；懂得寂寞，才會享受寂寞，寂寞才會是一種幸福。

昇華寂寞

　　人生一世，活的就是一種精神。我們要適時地給心靈放個假，享受一下寂寞，擁有一副健康的身體，養成一種良好的心態，過一種從容安適的生活。心靈安頓了、平衡了、豐盈了，我們的人生也就快樂了、美好了、無憾了。

# Chapter 7
## 包容寂寞，感恩生活

人生在世，常常因為忍不了打擊和重負而失去所有，變得寂寞。其實，失去往往意味著會得到更多。所以我們要學會感恩，感謝寂寞讓我們有了更大的空間去得到。

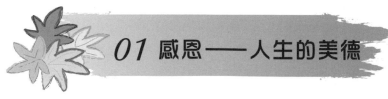

# 01 感恩——人生的美德

請記住，人是為別人而生存的。
我的精神生活和物質生活都依賴著別人的勞動，
我必須以同樣的分量來報償我所領受了的和
正在領受的東西。
——愛因斯坦

人生道路，曲折坎坷，不知有多少艱難險阻，甚至遭遇挫折和失敗。在危困時刻，一雙溫暖的雙手、一句體貼的話語、一個鼓勵的眼神，或一個並不寬厚的肩膀，便能給你支撐、慰藉，使你最終戰勝苦難，揚帆遠航，駛向光明幸福的彼岸。

那麼你能不存感恩之心嗎？《朱子家訓》上說：「一粥一飯，當思來之不易；半絲半縷，恒念物力維艱。」目的就是要讓我們懂得感恩，時時懷著一顆感恩的心。感恩是一種善良的美德，也是一個人做人的基本條件。

感恩的關鍵在於回報意識。回報，就是對哺育、培養、教導、指引、幫助、支持和救護自己的人心存感激，並通過自己十倍、百倍的付出，用實際行動予以報答。人人都應懂得感恩，能對一花一草、一山一水都表示謝意的人，他的人生必定是豐富而富足的。

美國微軟公司的副總裁史蒂文斯便擁有一顆感恩的心。也

正是因為他擁有感恩的美德，才一步步走上了副總裁的位置。

在到美國微軟公司工作以前，史蒂文斯曾是一家公司的程式工程師。在這家公司工作了八年後，公司卻突然倒閉了，史蒂文斯也失業了。當時他的第三個兒子剛剛降生，重新工作的壓力迫在眉睫。然而一個月過去了，他沒找到工作。除了編程式，他一無所長。

終於，他在報上看到一家軟體公司要招聘程式工程師，待遇不錯。他拿著資料，滿懷希望地趕到公司。應徵的人數超乎想像，競爭異常激烈。憑著良好的專業知識，他輕鬆通過筆試，可是由於沒有回答出來面試的問題，應徵失敗了。

但是史蒂文斯覺得公司對軟體業的理解，令他耳目一新，雖然應徵失敗，可他也收穫不小。為此，他寫了封感謝信：「貴公司花費人力、物力，為我提供了筆試、面試的機會。雖然落聘，但通過應徵使我大長見識，獲益匪淺。感謝你們為之付出的勞動，謝謝！」

這是一封與眾不同的信，這封信被層層上遞，最後送到總裁辦公室。總裁看了信後，一言不發，把它鎖進了抽屜。

三個月後，新年來臨，史蒂文斯先生收到了一張精美的新年賀卡，上面寫著：尊敬的史蒂文斯先生，如果您願意，請和我們共度新年。賀卡是他上次應徵的公司寄來的。原來公司出現職位空缺，他們想到了品德高尚的史蒂文斯。這家公司就是現在聞名世界的美國微軟公司。十幾年後，史蒂文斯先生憑著出色的業績做到了副總裁。

感恩是一種美德。在這個日益商品化和市場化的社會中，

更需要擁有一顆感恩的心。感恩的人知足常樂，因為心靈滿足就會感悟、感懷，感激振奮、感激不忘。感恩是一種處世哲學，心中常懷感恩，一輩子謙遜、善良、平和，就一定會從生活中獲得縷縷幸福和享受。

人的一生有著許多感恩的事。兒女感激父母無與倫比的恩情，因為父母不僅僅凝結了孩子的血肉，更塑造了孩子的靈魂；莘莘學子感激老師傳授知識，播種希望，像一支紅燭照亮了別人，耗盡了自己；伉儷互相感激在人生征途中手牽手，心連心；摯友、同事也需要感恩，感謝大家的互相支持、關愛和幫助……

感恩的道理人人都懂，感恩的話人人都會說，但往往是說得容易做起來難，小感恩容易大感恩難，一時感恩容易一輩子感恩難。感恩從口頭落實到行動，並持之以恆更難。一個人是否會感恩，是否常懷感恩之心，這是對一個人道德良心的嚴重拷問。

感恩，體現了人與人之間的互助、親善和友愛。在他人有需要時，請伸出你一雙溫暖的手，多一份問候，多一些關懷，盡力幫助他人，你會收穫感恩的幸福。感恩會使複雜變成簡單，渾濁變成透明；感恩並不要求你無限投入和付出，而是於細微之處見真情；感恩是人際關係中一種良性互動，是改善和促進社會風氣的一種有效方法。

當我們學會感恩，擁有了一顆感恩的心，我們就學會了寬容，擁有了一種處世哲學。一個學會感恩的人，不應該為生活中的小小不足而斤斤計較，也不應該一味索取，使自己的私慾

膨脹。學會感恩，為自己已有的而感恩，感謝生活給你的贈予，這樣你才會有一個積極的人生觀，永保健康的心態。

 **昇華寂寞**

當我們寂寞的時候，要學會感恩。每天說聲「謝謝」，不僅能使自己擁有積極的心態，也使別人感受到你的快樂。在別人需要幫助時，伸出援助之手；當別人幫助自己時，以真誠微笑表達感謝……這些小小的細節，都體現著一顆感恩的心。

## 02 生活需要感恩

生活需要一顆感恩的心來創造，
一顆感恩的心需要生活來滋養。

生活中，我們都獲得過許多人的幫助。正因為這樣，我們才度過了一個個難關，一步步走向成功，創造並享受著美好的生活。

有位哲學家說過：「世界上最大的悲劇或不幸，就是一個人大言不慚地說：沒有人給我任何東西。」只有心存感恩的人，才能摒棄沒有意義的自以為是，收穫更多的幸福和快樂。

有位年輕人非常信佛，他每天都祈求佛祖能夠賜福於他，讓他能夠快樂地生活。可是很多年過去了，他不但依然生活在

貧困交加之中，甚至連工作也丟了。所以他開始憤恨所有的人，包括他信奉的佛祖。

一天，他生氣地來到寺廟裡，坐在住持和尚的面前說：「都說只要向佛祖獻上自己的一顆心，便能獲得自己想要的生活。如今我卻一無所有，連個工作也找不到，這到底是為什麼？」

和尚問他：「你經常上醫院嗎？」年輕人看和尚答非所問，生氣地回答：「我上醫院幹什麼，我又沒病。」

和尚又問：「你四肢健全嗎？」「你不是廢話嗎，我雙手雙腳地來到你的面前，你說我四肢健全不健全？你還是快回答我的問題吧。」年輕人更加生氣，不耐煩地說道。

「我已經回答了你的問題了，佛祖是慈善的，他賜予你健康健全的身體，你卻不好好珍惜，以一顆怨恨的心來回報佛祖，你還能奢望他給你什麼呢？」

年輕人聽了和尚的話，羞愧地低下了頭。這時，他看到自己的衣服是那麼的髒亂，感到自己的意志是那麼的消沉……難怪自己連個工作也找不到。

後來他擁有了一顆感恩的心，精神也振奮不少，不久就找到了一份很好的工作。

生活中的一分一秒、一草一木都需要我們來感恩，感恩是人類的寶貴財富，是一種不可多得的珍品，是一種高尚的情操。當它昇華時，可以奔流不息，可以驚天動地，可以發揮非凡的潛能，可以讓人無所不能。

生活中，總有人埋怨自己的薪水比別人低，自己的聲音比

別人低一度，自己的官職比別人低一級，而不是抽出一點時間聽聽窗外的鳥鳴，望望楊柳枝的綠意，看看雲彩的悠然，讓天籟之音撥動自己的心緒。這樣的人一天天變得遲鈍，變得麻木，變得對生活毫無興趣。

這樣的人，適合看看這樣一句話：「我在路上走，一直在抱怨，因為我沒有一雙鞋。我一直在抱怨，直到我看見一個快樂的人，而他失去了雙腳。」這說明一個道理：對待相同的生活境遇，人可以有不同的生活態度、不同的心情。

眼前有半杯水，悲觀主義者歎息「只剩半杯了」！而樂觀主義者說「還有半杯呢」！同樣，對待生活我們也可以有兩種選擇：抱怨，或者感恩！

一個不知感恩的人，一定是生活在怨恨、不滿或者冷漠中的。天長日久，心裡就形成了一片愛的荒漠。而懂得感謝的人，心中時時湧動著快樂的泉水，溫暖也會時刻相隨。

也許你會覺得眼下沒有什麼值得感恩的。確實，人生不如意事十之八九，感恩什麼呢？記得在一本基督教的讀物裡讀過這樣一句話：「我每天因為自己遇到的事情感謝上帝。如果一天之中實在沒有什麼值得感激的，那麼我至少可以感謝上帝讓我免於死亡！」

是啊，世界上每天都有人面對饑餓、死亡，而我們何德何能，居然得以保存生命，還能工作著、忙碌著，這是多麼值得感恩的事情！

一顆塵封的心需要洗滌，一雙麻木的眼需要喚醒。感恩其實是一首最激動人心的歌。歌頌它，你就會遠離自私之境；歌

頌他，你就會胸懷寬廣。正如馬斯洛說的那樣：「心若改變，你的態度就跟著改變；態度改變，你的習慣就跟著改變；習慣改變，你的性格就跟著改變；性格改變，你的人生就跟著改變。」

如果你願意珍惜你生命中的每一次感動，如果你常懷感恩之心，那麼你便能感應到每一分快樂，感受每一刻感動。

### 昇華寂寞

感恩是生活中的大智慧，能使我們感受到大自然的美妙、生活的美好，能保持我們積極、健康、陽光的良好心態。處在寂寞裡的我們，要常懷感恩之情，對別人、對環境就會少一分挑剔，多一分欣賞和感激。常懷感恩之心，便能生活在一個感恩的世界，人生也會變得更加美好。

## 03 滴水之恩，當湧泉相報

> 無論別人給予了我們多少，
> 我們都要把滴水之恩當湧泉相報。

大自然不會總是風調雨順，人生也不會經常心想事成。當你窮困潦倒時，有人向你伸出援助之手；當你失意時，有人為你開啟導航燈；當你失敗時，有人為你鋪墊一塊塊通向成功的

基石；當你惆悵時，有人為你送上開心果；當你不幸時，有人為你送來幸福的青鳥……當幫助你的人遇到困難挫折時，你又當怎麼辦呢？

滴水之恩當湧泉相報，一直被認為是中華民族引以為傲的傳統美德，意思就是說在你困難時幫助過你的人，在危難時你要報答他。

滴水之恩，何以報？先讓我們看以下幾個故事。

諸葛亮乃一代名相，本躬耕於壟畝，過著隱居的生活。劉備賞識，並且三顧茅廬請他，這個淡泊名利的隱士感動了。於是為了報答劉備的知遇之恩，他鞠躬盡瘁，用盡一生的智慧和精力，輔助劉備建立並發展蜀國。這就是滴水之恩湧泉相報。

侯嬴本是魏國大梁的守門人，求賢若渴的趙國信陵君居然屈尊降貴，親自驅車前去迎接他，並設宴款待，親自斟酒。有感於信陵君的尊重，侯嬴用自己的智慧和生命去回報，在趙國危難之時獻計竊魏將兵符，救趙卻秦，又因自感對魏君不忠，自刎而死。這也是滴水之恩湧泉相報的最好詮釋。

翻開歷史的長卷，我們看到了無數的仁人志士，對於別人的滴水之恩以湧泉相報。在當代社會中，無數善良的人們，依舊懷著一份感恩的心而默默奉獻著。

在一個鬧饑荒的城市，一個小女孩父母雙亡，不得不走上街頭乞討。可是整整一天她都沒有要到一口吃的，就在她疲憊萬分、饑餓難耐，絕望地想要放棄自己的生命時，城裡傳出了一個消息：一個家庭殷實而且心地善良的麵包師，決定為饑餓的孩子發麵包。

　　這位麵包師把城裡最窮的孩子們聚集到一塊，然後拿出所有的麵包，一個一個地分給饑餓的孩子們，直到饑荒過去。小女孩也一直在救濟的行列中熬了下來。後來，小女孩被政府收容後刻苦學習，成了一位著名的外科醫師。

　　一天，一位病情嚴重的老人被轉到了那位著名的外科醫師所在的醫院。醫師順利地為老人做完手術，救了他的命。無意中，醫師發現那位老人，正是多年前在她饑寒交迫時給過她麵包的那位麵包師。她決定悄悄地為他做點什麼。

　　她打聽到麵包師年老後身體一直不好，多次的生病住院已經花光了所有的積蓄，這次住院的手術費都是四處借來的。她悄悄為老人付了所有費用，只在手術費用單上打了四個字：一個麵包。或許老人接濟的人太多，已不記得是誰為他付了醫療費，但是這又有什麼關係呢？

　　「感恩的心，感謝命運……」一首歌道出了我們應當如何來回報「滴水之恩」。

　　對於人生來說，感恩的心就像是春天的陽光。當陽光普照大地時，小河的冰層會消逝不見，從而歡快地流淌；枯黃的植物能夠抽出新綠，煥發出勃勃生機……

　　但是當我們付出時，應該是不求回報。也許得到你幫助的人會很快回報你的幫助；也許會在許多年以後回報你；也或許他們始終無力回報。這又有什麼關係呢？至少你在幫助別人的時候，已經得到了「快樂」對你的回報，這比什麼都重要。

　　所以我們大可以常做與人為善的事。在你前行的路上，你投入的一滴水，也許已經變成了湧泉在等著你！

　　滴水之恩當湧泉相報，人的本色應該如此。讓我們以感恩的心情面對工作和把握生活，用感恩的心情來回報社會，用感恩的心情去對待每個人吧，我們的生活會顯現出更多的善意和美好，我們的社會會增添更多的和諧與公正。

**昇華寂寞**

　　施恩不望報，但受賜者卻不應該忘記，而應湧泉相報。有了感恩的心，我們即使遭受挫折，受到某些不公正的待遇，碰到一些無法逾越的障礙，也不會怨恨失望，更不會自暴自棄。感恩，不是壓力，不是桎梏，更不是負擔，而是催人向上的動力。

# *04* 寂寞讓人學會感恩

　　感謝寂寞。是寂寞讓我們的心變得感恩，
　　從而使我們的幸福填充得更加豐盈。

　　讓生活失去色彩的，不是傷痛，而是內心的困惑；讓臉上失去笑容的，不是寂寞，而是禁閉的心靈。寂寞不見得是一件壞事。寂寞的時候，我們可以靜靜地思考，可以想像：我是一隻蒼鷹，自由翱翔在廣闊的草原上，俯瞰著綠色的大地；是海上一輪初昇的明月，映照著包容百川的大海。

　　寂寞，可以讓我們學會感恩。因為寂寞可以使我們客觀冷

靜地看待世界、回味人生、體驗生活，從挫折中悟出幸福的真諦，從坎坷中找到平直的大路，從逆境中發現真實的關愛。

有一個五歲便得了怪病的孩童，他的一條腿長，一條腿短，走路時腿跛得像隻小鴨子，面對周圍小朋友的嘲笑與眾人異樣的眼光，懵懂的孩子感到寂寞萬分。於是他將自己關在家裏不去上學，也不再找其他的小朋友玩耍。

傷心的父母為了找回孩子的童真，騙他說：「孩子，這不是病，只要經常走走、鍛鍊就會好的。別人看你的眼光和其他人不同，是因為你擁有了其他人都沒有的優點，你比其他人更優秀。」

孩子相信父母的話，從此快樂地生活著。多年的輾轉奔波，父母為他尋訪名醫，給他用盡奇藥，可是孩子的病卻不見好轉，而父母在傷心欲絕的悲痛之下，依舊沒有放棄為孩子治病的念頭，孩子則在父母善意的謊言中慢慢地成長起來。

後來孩子懂事了，明白了一切事實的真相。可他一點兒傷心的理由都沒找到。因為多年以來，沒有夥伴的生活讓他看見父母對他的愛。寂寞的生活讓他學會了如何感恩，感恩的心足以消除一切的不如意，只留下對父母無盡的感激。

年輕的阿福出身於平民家庭，卻考上了一所貴族學校。由於學校的東西昂貴，吃飯的時候他只能選饅頭、麵條之類便宜的食物。同學們都看不起他這個窮小子，從他身邊過都要繞個彎，怕他身上的窮氣過度到自己身上。

無人問津的阿福將全部精力都投入到了學習中。在同學們參與舞會的時候，他在圖書館看書；在同學們聯歡的時候，他

在宿舍學習；在同學們組團出遊的時候，他在研究一個課題……。

就這樣，阿福雖然依舊是個窮小子，各類專業知識卻遠遠高於全校同學。所以畢業後阿福很容易地找到了一份好工作，並取得了事業上的成功。

後來談起自己的成功，阿福感激地說：「我的成功多虧了上學時的寂寞。」

從阿福的故事中，我們也可以看出來，阿福已經擁有了一顆感恩的心。這種感恩多多少少地來源於寂寞的洗禮。試想，如果阿福在寂寞裏自暴自棄，又怎麼能造就一顆感恩的心？又怎麼會有以後的成功？

人的一生很長，無聊的人每天都在蹉跎光陰。人的一生很短，有作為的人在感歎時間為何只能用減法，而不能用加法。寂寞是人生旅途中一棵點綴風景的大樹，隨時準備著為我們遮陰擋涼，讓我們以旁觀者的姿態看清路上的障礙和平坦。

人的一生不可能一帆風順，每當遇到挫折的時候，人就很可能會出現負面情緒，為自己增添新的煩惱。有了寂寞，卻能在靜思中將這一切避免。

發現了這點，我們首先要感謝寂寞提供給我們休息整理的場所，看清成長中的挫折與困難，找到感恩之心。其次，我們還要感謝那些願意伸出援助之手的和善之人，是他們讓我們的人生更加圓滿。所以我們要學會珍惜寂寞、感謝寂寞，當寂寞來敲門時，我們也應該溫和地說：「你好！」

**昇華寂寞**

在生活當中，要學會享受寂寞。認識自己、認識他人，認識
世界上的一切美好，從而學會感恩，並最終走向快樂與美好。

## 05 感謝嘲笑你的人

嘲笑是一面鏡子，

誰都能從其中照見自己真實的一面。

—英國諷刺作家　斯威夫特

面對他人的嘲笑，我們往往會有激動的情緒，無非就是別
人踩到了自己的痛處。但換個角度想，他不過是在用惡劣的方
式提醒我們的缺點。

他人的嘲笑往往是激勵我們向上的動力。有的時候如果沒
有人「嘲笑」你，你可能安於現狀，無法看到自己的不足，更
不會有競爭壓力。感謝別人的嘲笑，讓自己更清楚自己。當有
人嘲笑我們時，我們非但不應痛恨對方，反而要抱著「感恩」
的心情，來感謝這個嘲笑自己的人。

菲爾普斯是二百公尺蝶泳世界紀錄的打破者，也是最年輕
的世界紀錄保持者。他被稱為奧運會開展游泳運動有史以來
偉大的全能運動員，還贏得了「游泳神童」的美譽。但就是這

樣一個「游泳神童」，卻也曾經有過被別人嘲笑的噩夢。

菲爾普斯小時候家裏很窮，兩個姐姐都是游泳隊員，在姐姐們的影響下，菲爾普斯從小就癡迷於游泳運動。

當他把立志做一名游泳隊員的想法告訴父親時，父親當場就給了他一巴掌，說道：「你這個傻瓜，你知道白癡是怎麼出現的嗎？就是像你這樣想出來的。游泳？你以為人人都是天才嗎？別做夢了！」

父親的話並沒有使菲爾普斯退縮，他還是和姐姐一起來到游泳池。一方面，他堅持每天到游泳池至少訓練兩個小時；另一方面，他在編織著未來的夢想。有一天，當他把想成為游泳冠軍並環遊世界的夢想告訴父親時，又招來父親的一頓嘲笑：「想當游泳冠軍？還要環遊世界？你以為你是天才啊，別癡心妄想了。還是好好念你的書，將來找份工作養家糊口吧。」

菲爾普斯不但遭到父親的反對，在學校，還經常被同學們反覆嘲笑。他的母親曾回憶道：「我兒子的成長並非一路坦途……剛開始是他的大耳朵，然後是他的長手臂……在哪裡，他都不可避免地被關注、被嘲笑。」

面對嘲笑，菲爾普斯在選擇沉默的同時，不但沒有退縮，反而更加刻苦地訓練。他知道，成功將是對嘲笑的最好回答。

當他通過努力將夢想都變成現實後，那些曾嘲笑過他的人，都轉而讚頌他、崇拜他。他的父親後來也對他表示了深深的歉意。

生活中，與我們交往的人有很多，我們免不了遭受這樣那樣的嘲笑。菲爾普斯的經歷告訴我們：當別人嘲笑你時，憤怒

和消沉都無濟於事，努力進取才是消除嘲笑的唯一辦法。只有用自己的成功，才能讓那些嘲笑聲轉變成讚揚聲！

記得一位先哲說過，平時無論怎樣學習，都不如他在受到嘲諷時學得迅速、深刻、持久。嘲諷使人學會思考，體驗到順境中無法體會到的東西。嘲諷更能使人深入地接觸實際、瞭解社會，促使人的思想得以昇華，並由此開闢出一條寬廣的成功之路。

如果你身邊的人都對你脅肩諂笑，你就會看不清自己，感受不到職場競爭的壓力，只會桎梏自己。即便你是一個非常有優勢的人，隨著時間的流逝，優勢也會一點點被消耗掉，最終被同事遠遠拋在後面。

如果一座山擋住你的去路，你不必對著山生氣，你應想方設法攀越它，或者繞過它。如果群狼圍住了你，你不要對著狼群憤怒，你要用最大的智慧和力量戰勝牠們、消滅牠們或者逃避牠們。如果同事嘲笑你，你不要握緊拳頭想打人，而是要改正不足之處。

精神病學家哈德菲爾深入研究過危機環境在人的身體上、心理上、感情上和精神上激發的非凡力量。他說：「我們過著拘謹的生活，避開困難的任務，除非我們被迫去做或者下決心去做時，才會產生無形的力量。」我們面臨危機時，勇氣產生了；被迫接受長期的考驗時，就發現自己擁有持久的耐力；災難降臨時，我們會發現內在的潛力，彷彿是出自一個永恆的手臂的力量。一般的經驗告訴我們，當我們無所畏懼地接受挑戰、自信地發揮我們的力量時，任何危險和困難都會激發能

量。

所以感謝嘲笑你的人吧，正是那些嘲笑，使你看清了自己，在逆境中得以錘煉，在失敗中得以成功，進而使人生之花開得更加絢麗多彩！

**昇華寂寞**

嘲笑，雖然讓我們孤獨寂寞，但既是一種壓力，也是一種動力。培根說：「幸運所需要的美德是節制，逆境所需要的美德是堅韌，而後者比前者更為難能。」如果你希望自己的事業蒸蒸日上，首先就需要積極應對別人對你的嘲笑。

## 06 有種財富叫苦難

平靜的湖面訓練不出強悍的水手，
溫室中飛不出搏擊長空的蒼鷹。

沒有哪個人會希望苦難降臨到自己身上，但苦難並不會因為我們的意願而轉移。它會不時地降臨到我們每一個人的頭上，讓我們飽受折磨。在這種折磨裡，我們常常懷疑自己、懷疑生活，甚至有時幾近崩潰。但是只要我們挺過去，就獲得了一份成熟，擁有了一份戰勝困難的財富。

看過很多曾經遭遇苦難的人，他們在經歷過苦難之後，都

會有一番令人深思的感悟，也許遭遇過苦難的人感悟是最深的，也許遭遇過苦難的人會更加熱愛生活。

世界科學巨匠、英國科學家霍金口不能說，腿不能站，身不能動，但仍然感到自己很富有，並對生活充滿感恩。這位在輪椅上生活了三十多年的癱瘓殘障人，寫了如下一段感人的文字：「我的手還能活動，我的大腦還能思維；我有終生追求的理想，我有愛我和我愛著的親人與朋友；對了，我還有一顆感恩的心……」在他看來，加諸在他身上的一切苦難，反而成了財富，令他感激不盡。

前蘇聯作家奧斯特洛夫斯基為了創造新生活，忍受了一般人難以想像的痛苦，他說：「對我來說，活著的每一天都意味著要和巨大的痛苦作鬥爭，但你們看到的是我臉上的微笑，再沒有比戰勝這種痛苦更使人感到幸福和快樂的事情了。」他把戰勝苦難作為最幸福的事情，於是有了不朽的名著《鋼鐵是怎樣煉成的》。

「假如生活欺騙了你，不要悲傷，不要心急。憂鬱的日子裡需要鎮靜，相信吧，快樂的日子將會來臨。心兒永遠嚮往著未來，現在卻常是憂慮。一切都是瞬息，一切將會過去。而那過去了的，將會成為親切的懷念。」沒有人不知道這首詩。但很少有人知道詩人經歷了什麼。在沙皇統治的日子裏，詩人普希金飽受磨難，被流放到荒蕪的小島。在被幽監的日子裏，他安慰自己，也安慰世人。正是苦難成就了這偉大的詩篇。

從這些偉大人物的故事中，我們可以得出：苦難對於天才是墊腳石，對於強者是一筆財富。其實每個人的人生都不是一

帆風順的，每個人的人生軌跡都不是筆直的，每個人的人生道路上都不免遭遇到坎坷和挫折。

是啊，人生在世，又有誰能逃脫掉苦難的追逐呢？你會生病，在死亡的邊緣掙扎；你會失戀，在愛的天平上失衡；婚姻會破裂，你在困惑中徘徊；事業會失敗，你在苦惱中自省；你會失去親人，陷入巨大的悲痛；天災會降臨，你無依無助，只能聽憑命運的擺佈。即便你是個幸運兒，一生平安順暢，你也依然無法避免最終的苦難——死亡。

但是苦難可以是人生中最好的老師，苦難是人生的一筆財富。俗話說，「自古雄才多磨難，從來紈絝少偉男」，屈服於苦難，那就在認命的同時，也毀滅了自己；不屈服於苦難，用堅強作鋤，用樂觀作鑱，用深邃的思索作鍬，堅忍不拔地挖掘，苦難的背後肯定會有驚喜和意外。

很多事情只有我們經歷過才會明白，很多苦難只有我們承受過才懂得感激。生活這本書，會讓我們明白，原來苦難這麼富有，但當時卻沒有意識到這一切。

記得一位哲人說過：「苦難難道是白經歷的嗎？它會磨練你的意志，使你成為生活的強者。」所以我們應該感謝生活、感激苦難。

遭遇苦難的時候，請不要盲目悲觀；遭遇苦難的時候，請不要自暴自棄；遭遇苦難的時候，請你靜下心來，勇於「承受」，懂得「感恩」，要有「卒然臨之而不驚」的坦然，更要有「無故加之而不怒」的大度。苦難對我們而言，既是一種獎賞，又是一種財富，只有努力奮鬥，不斷超越自己，才能激發

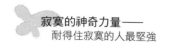

自己的潛力改變命運，享受每天明媚的陽光，歷遍人生美景。

你看，大海如果失去了巨浪的翻滾，就會失去雄渾；沙漠如果失去了飛沙的狂舞，就會失去壯觀；人生如果僅去求得兩點一線的一帆風順，生命也就失去了存在的意義。上帝給予我們的人生苦難和責任，就像江河綠地、日月經天那樣正常自然。

生活就是這樣，給予苦難，造就人才。因此我們不要埋怨生活給予了太多的磨難，不必抱怨生命中有太多的曲折。就讓它來吧，我們已經開始成熟，用微笑和勇氣擁抱自己的人生！

### 昇華寂寞

苦難令我們寂寞，也讓我們學會感恩。人生因有苦難的磨練才顯得充實，經歷了風雨的天空，才能看到美麗的彩虹。每個頓悟、每個覺醒、每個天才，都伴隨著一份不可推辭的苦難，而只有不被苦難摧毀的人，才能享受獲取智慧的美妙感覺。

# 07 感謝那雙冰冷的手

生活在感恩的世界裏，要感謝那雙冰冷的手，
是它為你打開了成功的大門。

誰能說他從來沒有受到任何傷害呢？誰能說他永遠是在被保護中長大和成熟的？恐怕沒有人能做肯定的回答。因為每個人在成長或走向成功的路上，都會遇到或多或少或輕或重的打擊。

人生在世，總是在受傷中慢慢長大，總是在受傷中慢慢成熟，總是在受傷中慢慢學會善待別人和自己。我始終認為，一個沒有受到傷害的人生，是殘缺的人生；一個沒有受到傷害的人格，也是不完善的人格。因為那些打擊過我們的人，不一定能減慢我們成功的步伐，打擊可能是我們成長的加速器，也可能是我們成功路上的跳板，使我們的人生更加圓滿。

小王在公司遇上一次升遷的機會，無論從工作成績、個人才能上看，還是從年齡結構、文化層次上看，他都具有一定的優勢，但出乎意料的是，上面最終任命的是小李。

於是小王輾轉反側，整夜難眠。一次，在他送文件的時候，聽到了事情的原委。原來上司最初的人選是小王，但小李通過匿名信的方式向上司列舉了小王的許多缺點，使上司改變了主意，提拔了比小王工作能力稍弱的小李。

　　小王知道後非常生氣，他越想越苦惱，越想越煩躁，整天坐臥不寧、寢食不安。最後，一個要好的朋友開導他：「既然他在背後給了你一刀，那你更不能因此自暴自棄呀！不然，人家還以為你又多了一項小心眼的缺點呢。更何況，如果你再因此頹廢下去，上司會真的以為這次的決定是對的。所以你應該更加努力地工作，證明自己比別人強，讓上司後悔他們今天的決定。」

　　聽了朋友的話後，小王開始更加勤奮地工作。兩年後，公司又有了一次升遷的機會，並且這次的職位比上次的重要得多，小王穩穩地走上了這個崗位。上任的第一天，上司語重心長地對他說：「小王呀，上次我們知道委屈了你。但是你不但沒有因此不高興，還更加努力工作，這說明你具有很高的素養。所以這次的升遷，各級主管拋開了所有人，一致選擇你。你要好好做呀！」

　　小王聽了上司的話後，很慶幸當初自己的決定，並且由衷地感謝同事曾經給予自己打擊的那雙冰冷的手。

　　每個人身邊都不同程度地存在著與自己意見相左的人，有的人還會因為一些事來打擊你。也許這些打擊會令你寂寞萬分，有的人會因此選擇氣憤地報復，其結果是兩敗俱傷；有的人會選擇自暴自棄，結果受傷更深。

　　但是還有少數人不但不會為此生氣，反而感激打擊自己的人。這類人，不但能時時獲得快樂，還往往能夠取得意想不到的成功。因為正是這些打擊，才使我們在忍受寂寞的同時，走向了成功的路。羅馬帝國因沒有了強大的對手而分崩離析，東

方的強秦建立不久就迅速覆滅，不能不說也是因為同樣的原因。敵人能激發你的生命衝動，敵人能使你沉悶死寂的生活蕩出道道波紋。

我的朋友王如慧為人善良、工作能力強，經常遭到別人的嫉妒和打擊。為此，她總結出了這樣的經驗：「我非常感激嫉妒我、打擊我的人，如果沒有他們，或許我現在也和他們一樣平庸。是他們的嫉妒和打擊一次次地激勵了我，時刻提醒著我如何才能比他們更強、比他們做得更好。」

在現實生活中，沒有必要憎恨你的敵人，若深入思考一下，你也許會發現，真正促使你成功、讓你堅持到底的，真正激勵你昂首闊步的，不是順境和優裕，不是朋友和親人，而往往是那些常常可以置人於死地的打擊、挫折，甚至是死神。

生活中，往往正是那雙冰冷的手給我們的冷巴掌，使我們學會了保護，學會了珍惜，也學會了如何善待別人、尊重別人。

所以我們要感謝那雙冰冷的手，是它讓我們變得更加堅強和勇敢，是它讓我們變得更加成熟和善良，是它讓我們的心變得更加寬廣。

草原上的羊群因狼的存在而不斷繁衍壯大，森林中的樹木也因對手眾多而長得高大挺拔。所以在現實生活中，要感謝你的敵人，因為你的進步和成熟，是在與敵人的較量中逐步積累的。

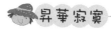

**昇華寂寞**

　　沒有敵人就沒有人生的超越，沒有敵人，你的生命就可能走向墮落和沉淪。回首走過的路，也許我們曾經因為敵人那雙冰冷的手寂寞萬分，但是也會驚奇地發現，正因為那雙冰冷的手，我們才在寂寞裏看到了更高的樓層，享受到了更美的陽光。

## 08 寂寞讓感恩充滿力量

感恩與寬容經常是源自痛苦與磨難的，
必須以極大的毅力來訓練。
——南非第一位黑人總統 曼德拉

　　「把別人對你的恩惠刻在大理石上。」佛蘭克林的這句話讓人刻骨銘心。感恩，在人生的旅途中，是一種無形的巨大力量，牽引著我們不斷前行。遭遇過寂寞的人，更能體會到感恩的力量。

　　曼德拉是南非第一位黑人總統。他曾因組織並領導反對白人種族隔離政策而入獄，被關在荒涼的大西洋小島羅本島上二十七年。

　　羅本島位於離開普敦西北方向七英里的桌灣。島上佈滿岩石，到處都是海豹和蛇及其他動物。曼德拉被關在總集中營一個「鋅皮房」裏。他每天早晨排隊到採石場，然後被解開腳

鐐，下到一個很大的石灰石田地，用尖鎬和鐵鍬挖掘石灰石。有時從冰冷的海水裏撈取海帶。因為曼德拉是要犯，專門看押他的看守就有三個人。

二十七年來，曼德拉生活在孤苦寂寞的世界裏，受盡了磨難。然而一九九四年五月，他當選南非總統後的一番舉動，卻絲毫讓人聯想不到他受過的苦難。

在總統就職典禮上，曼德拉首先起身致辭歡迎來賓。在介紹了來自世界各國的政要後，他卻請出了當初看守他的三名獄方人員，並恭敬地向他們致敬，震撼了在場的所有來賓乃至整個世界。

後來，曼德拉向朋友們解釋說，自己年輕時性子很急，脾氣暴躁，正是在獄中學會了控制情緒才活了下來。他的牢獄歲月給了他時間與激勵，使他學會了如何處理自己遭遇。他說，感恩與寬容經常是源自痛苦與磨難的，必須以極大的毅力來訓練。曼德拉說起獲釋出獄當天的心情時說：「當我走出囚室，邁過通往自由的監獄大門時，我已經清楚，自己若不能把悲痛與怨恨留在身後，那麼我其實仍在獄中。」

生活中，人們之所以總是充滿痛苦、怨天尤人，多半是因為我們缺少寂寞的洗禮和感恩的胸懷。

生活中，我們經常會看到屋簷下石頭上斑駁的印記，那不僅是歲月留下的皺紋，也是水流留下的銘刻。先賢說智者樂水。因為水有潤物無聲的細膩，有厚積薄發的澎湃，有水滴石穿的耐心，假如有力量可以借助，還會像禮花一樣綻放出華美的令人驚豔的噴泉。

對人而言，只有善待寂寞，懂得感恩，才能產生強大的力量，將自己最華美的一面展現給眾人，讓人生綻放出完美之花。

二十年前的一個晚上，小林因為受不了一個個的生活打擊，選擇跳水自殺。就在他快要失去知覺時，求生的本能讓他在水裡掙扎了起來。

就在這危急時刻，他遇到了生命中的一位貴人，一位漁夫。這位漁夫當時搖著一艘木船，在江上打魚。正在收網時，他遠遠看見江面上有個黑影沉浮不定，便將船搖到黑影附近，救起了奄奄一息的小林……

漁夫見小林渾身濕淋淋的，凍得直打哆嗦，便趕忙脫下自己的衣服給小林穿上，還給他煮了鍋熱粥驅寒。小林回過神後，感動得熱淚盈眶。他暗暗在心中發誓，一定要做出一番事業來，好報答這位漁夫的救命之恩。

二十年來，小林心裏一直記掛著那位救命恩人。帶著這樣感恩的心，他不斷地努力奮鬥，每當遇到困難時，他便想起那股感恩的力量。

一晃二十年過去了，小林不但成就了一番大事業，而且報答了對漁夫的恩情。回首二十年來的經歷，最讓小林感慨的就是學會了感恩。感恩，不但回報了他人，而且最重要的是成就了自己。

「人之有德於我，不可忘也；吾有德於人，不可不忘也。」其實感恩的終極境界並不一定都是「形而下」的感謝大恩大德，它是一種生活態度，一種心靈境界，一種讓真讓美讓

善融入一生的美好情懷。

學會感恩，最適宜在寂寞的環境中。在寂寞的時候，每天備一片紙，寫下一個感恩的發現。那麼過不了多久，你的生活便會被感恩包圍。學會了感恩，鮮花與掌聲也就在咫尺之內了。

### 昇華寂寞

感恩是一種力量，它能催人奮進，令人快樂。寂寞如果成為承載感恩之心的容器，能使感恩的力量變得更加強大。讓我們從今天起，從現在起，在寂寞中學會感恩，感恩身邊的每一個人、每一件事吧，這樣，我們會更容易接近幸福。

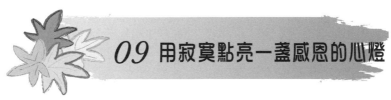

## 09 用寂寞點亮一盞感恩的心燈

每個人心中都有這樣一盞明亮的燈，
要使這盞燈明亮，這是一盞感恩的燈。

在人的一生中，總會經歷不盡的磨難考驗，遭遇無數的坎坷挫折，體驗痛苦難當的寂寞……但是在寂寞的時候，我們總能在不經意間感受到溫暖與感動。這些感動給心靈帶來的每一次震撼，都如一盞明燈，指引著我們的心靈得到昇華。

于蕾由於家庭貧困，飽受同學的白眼與嘲諷，特別是考上

大學之後，為了湊足每年的學雜費，她不得不邊讀書邊打工，這與其他同學無憂無慮的校園生活顯得格格不入。

一次，她在大街上遇到了一個招聘翻譯的外國人。這個老外的妻子得了怪病，跑遍了全世界仍未治癒，聽說中醫專治疑難雜症後，便帶著妻子來看病。由於語言不通，他需要請一個翻譯。但是由於他沒有錢，給的報酬很低，所以沒有人願意接這份差事。

于蕾本來有一份相當豐厚的工作等著她去接，但飽受貧窮的她，更能體會到老外的感受，便接下了這個工作。

老外帶著病中的妻子來回奔波，每天都很辛苦。于蕾不但為他們做翻譯，還替他們掛號拿藥排隊跑路，做一切瑣碎的事。最後，老外終於找到了治好妻子的辦法，離開了台灣。老外走的時候，對于蕾充滿了感激，但他什麼也沒有說。

三年過後，于蕾大學畢業。當其他同學終日惶惶，奔波於找工作的艱難中時，于蕾收到了國外寄來的一封信。這封信是那名老外寄來的。他說，他的妻子已經恢復了健康，他的公司也起死回生。如今，他的公司很快就要到台灣開工廠，需要一名台灣方面的代理人，問于蕾願不願意與他合作，報酬是每月五萬美金。

這時大家都羨慕起于蕾來了，再也沒有人嘲笑她曾經的貧窮。可是只有于蕾心裏清楚，這一切都緣於她在寂寞中學會的感恩啊。

因為受盡了人間的冷暖，品盡了生活中的酸甜苦辣，我們會苦苦地找一個支點，想在人生的黑暗裏為自己點亮一盞溫暖

的燈。

在寂寞孤獨時，我們會發現有人用真心點亮一盞溫馨的燈，帶走所有的疲倦；當遇到失敗挫折時，有人會用真誠點亮一盞力量的燈，帶走所有的恐懼；當處在人生冷漠低谷時，有人會點亮一盞希望的燈，帶來溫暖的氣息。只要找到這盞心燈，我們就永遠不會迷失生活的航向！這心燈是我們生命的財富，哪怕如小鳥折斷了翅膀，也有希望再次騰飛在廣闊的蔚藍的天空。

生活中，我們會遇到不認識的和陌生的人。他們雖然是我們生命中的過客，但他們給我們一個溫暖的笑容，或者一個小小的幫助，哪怕是微不足道的幫忙，也會讓我們感動。因為這些感動，我們就已經活在他們給自己的恩澤裏了。

生活中，我們常常迷失在燈紅酒綠的嘈雜裏，而忽視感恩的心靈。只有當我們處在寂寞裏的時候，才會想起父母寧願自己穿破衣爛衫、吃歹吃賴也要滿足我們肚飽身暖、豐衣足食。考試失利、心情悲傷時，感受從同學們的手帕中飄來的慰藉和笑顏中傳遞的鼓舞。迷茫悵惘、險入歧途時，在老師善意的幫扶中迷途知返。

想到這，你是否開始為自己以往的忘本而汗顏，你是否為自己情感的冷淡、心靈的冰封而愧憾？如果這樣，那麼從現在開始，開始追回你那迷途的魂靈，尋回那股天然的情感，放開自己的心靈，敞開自己的胸懷，盡情地在回憶中尋覓，在尋覓中感動，在感動中覓那一份感恩之心。

我們要用感恩的心去感謝我們的朋友，感謝我們的父母，

感謝我們的師長。因為在風雨中，是他們陪伴著我們度過，失意的時候是他們為我們擦乾眼角的淚水，安慰、鼓舞著我們，黑暗中有他們為我們點亮的一盞燈，疲倦的時候他們是我們心靈的港灣。

### 昇華寂寞

　　每個人都生活在他人的恩澤當中，承載著朋友的希望，沐浴著父母的恩情。也許我們曾經因為發現不了這些恩澤而痛苦迷茫，但是它們卻真實地存在著，等待著我們去發現。寂寞便給我們提供了這個機會，讓我們在充滿慾望的社會中靜下心來，輕輕叩動冰冷的心扉，打開感恩的心門，找到從黑暗走向光明的那盞引路燈。

## 10 寂寞讓刻骨的痛成為銘心的愛

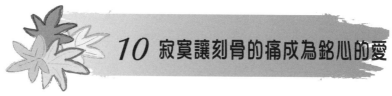

忘恩比之說謊、虛榮、餘舌、酗酒或其他脆弱的人心的惡德還要厲害。——英國諺語

　　我們常常將注意力集中到所受的苦難和不幸當中，很少用感恩的心去看身邊的人和事。所以稍有不幸，就令我們痛不欲生。當這些痛苦過後，圍繞在我們身邊的，就只剩下寂寞。但正是因為寂寞，我們感受到了生活中的美好，看到了別人對我

們的關懷，學會了感恩。

曾經有一個小女孩，她的生活環境一直很優越，因為她的父親是一個成功的商人，媽媽是一名很受人尊敬的教師，她的家庭經濟富裕，父母也很愛她，一家人的生活很幸福。但是因為女孩是獨生女，家裏的人都很寵她，周圍的人也嬌縱她、放任她，養成了她一切以自己為中心的刁蠻驕橫的性格。

她盡情地享受著別人的關愛，卻從來沒有想過要怎樣回報這些愛她的人，怎樣去承擔生活中自己該承擔的責任。從沒有人告訴過她這樣不好，她任性霸道地過著無憂無慮的生活，直到有一天，苦難不幸降臨到她的身上。

首先是她失語了，緊接著爸爸去世了。媽媽不得不每天很早出去工作，很晚才回來。有一天，天空下著大雨，小女孩的媽媽再也沒有回來。

從此以後，小女孩便成了流浪兒，每天靠著行人的施捨生活。就在這一次次的接受施捨中，女孩學會了感恩。

後來女孩被送進了收容所裏。她很珍惜這來之不易的機會，發憤學習並考上了大學。在她大學畢業典禮上，她代表全校畢業生寫了一份發言稿。稿子由其他學生讀完後，全場爆發出熱烈的掌聲，結尾中寫到的「童年失去雙親的寂寞，讓我學會了感恩，感恩讓發生在我身上那些刻骨的痛，成了銘心的愛。」讓全校師生流下了感動的淚水。

人的一生本就是寂寞的旅程，不要抱怨苦難為什麼總是與你相伴相隨，不要抱怨失敗總是對你窮追不捨，不要抱怨挫折與你親如弟兄，不要抱怨寂寞和你伴隨一生。誰的生活裏不經

歷風雨，誰走的道路上沒有泥濘？只要我們在寂寞裏學會感恩，苦難和磨礪就會過去，陽光就會在我們的心頭出現。

的確，如果沒有流浪乞討的經歷，文學大師高爾基就不會寫出《人生三部曲》；如果沒有在黑暗中的摸索，海倫·凱勒就不會找到人生最美的陽光。當我們看到張海迪用殘缺的軀體創造了完美的人生的時候，當我們看到霍金用他那枯死的身體與宇宙進行著最鮮活的對話的時候，我們應該作何感想？

我們應該感謝，生活至少給了我們生命，至少我們還活著。活著，就有希望；活著，就有思想；活著，就還可以成功。

帕格尼尼就是從寂寞的沼澤中爬出來的天才人物。四歲時出麻疹，險些喪命；七歲時患肺炎，又幾近夭折；四十六歲時牙齒全部掉光；四十七歲時視力急劇下降，幾乎失明；五十歲時又成了啞巴；五十歲以後，關節炎、腸道炎、喉結炎等多種疾病瘋狂地吞噬著他的生命。可是這一切也造就了一個天才的小提琴家。帕格尼尼三歲學琴，即顯天分；八歲時已小有名氣；十二歲時舉辦首次音樂會，即大獲成功。他的琴聲幾乎遍及世界，擁有無數的崇拜者。在那四根琴弦中包含著太多寂寞，然而天才就藏在酸澀的寂寞裡。

法蘭西斯·培根說過：「正如惡劣的品質可以在幸運中暴露一樣，最美好的品質也正是在厄運中被顯示的。」世界上不少成功之士在成名前，都曾經或多或少、或輕或重忍受著寂寞，並在寂寞裏學會了感謝生活。

金錢與名利可能使人安於享樂，鮮花與掌聲可能使人停止

前進，但是寂寞使人不斷成長，走向成熟。真正的成功，往往是用寂寞壘成的。

我們要感謝寂寞，是寂寞使寒梅、松柏裝飾了毫無生氣的季節，使雄鷹獨享那湛藍的天空，使鑽石在一堆碎石中，閃耀自己的光芒。

我們要感謝寂寞，是寂寞讓一個又一個真正的英雄崛起，讓曾經幼稚的人在一夜之間變得成熟。讓我們在苦難裏學會感恩，變得足夠堅強吧！

當你獲得財富和榮耀時，別忘了對寂寞說聲「謝謝」。

### 昇華寂寞

每個人每天甚至每個小時，都有需要別人的時候，可是卻很少人能用心靈去感應到這一點。人生在經過寂寞的歷練後，會呈現出感恩的心靈和清平的智慧。所以在體驗寂寞帶給你的傷痛之餘，也要學會感謝寂寞，因為它使生命變得豐厚、深沉、博大。

# Chapter 8

## 孤獨使人成長，寂寞使人堅強

一個耐不住寂寞的人是難以造就自己，完善自己，
讓自己成才有仁的。只有寂寞才能造就堅強；同
樣，只有堅強的人才能拿寂寞來品味享受。

# 01 寂寞讓人如此堅強

孤獨使人成長，寂寞使人變得更堅強。

　　人的一生，難免會或多或少地遇到一些挫折和厄運，難免會感到孤獨與寂寞。然而，正是那些挫折與寂寞，才使我們更加堅強，用自己堅強的意志去戰勝挫折，毫不氣餒。

　　唐宋八大家之一的曾鞏，和他弟弟曾曄曾經多次參加科考，但無一中榜。有一次，他們收到一張紙條，上面寫著一首嘲諷詩：「一年一度舉場開，落殺曾家兩秀才。有似簷間雙燕子，一雙飛去一雙回。」曾鞏看後，只是坦然一笑。別人的冷嘲熱諷，成為鞭策他們的鞭子。從此兄弟倆更加刻苦。最終他們憑藉著自己堅強的意志，如願金榜題名，成就了科舉史上少有的佳話。

　　一個人的成功並不是一帆風順的，只有經過無數次的跌倒又爬起，無數次的寂寞與忍耐，才能鍛造出堅強的性格。

　　曾聽說過一個真實的故事：有一個女子，她從小就患上了腦性麻痺症。這種病的症狀十分驚人，因為肢體失去平衡感，手足會時常亂動，口裏也會經常念叨著模糊不清的詞語，模樣十分怪異。醫生根據她的情況，判定她活不過十歲。

　　在常人看來，她已失去了語言表達能力與正常的生活條件，更別談什麼前途與幸福。但她卻堅強地活了下來，而且靠

頑強的意志和毅力，考上了一所知名大學，並獲得了博士學位。

在一次演講會上，一位學生貿然地這樣提問：「博士，你從小就長成這個樣子，請問你怎麼看你自己？」

在場的人都暗暗責怪這個學生語言不敬，但這個女子卻沒有半點不高興，她十分坦然地在黑板上寫下了幾行字：「我的樣子很可愛，我會寫字，我能看書，我還有一個聰明的頭腦……」

聽到這個故事後，我深深地為這個女子的堅強所感動。從這個故事中我們可以看出，要想使人生變得有價值，就必須經受住磨難的考驗；要想使自己活得快樂，就必須堅強地面對自己。

在這個世界上，每個人都有著不同的缺陷或不如意的事情，並非只有你是不幸的，關鍵是如何在不幸裏將自己磨煉得更加堅強。

那麼究竟能承受多少，才能讓我們變得堅強呢？

有人曾經做過一個有意思的實驗，他在西瓜像雞蛋大小的時候，用鐵圈將西瓜整個箍住，以觀察當西瓜逐漸長大時，能承受多大的壓力。

第一個月過去了，西瓜承受了五百磅的壓力；兩個月時，西瓜承受住了一千五百磅的壓力；最後實驗結束時，整個西瓜承受了五千磅的壓力後，才使瓜皮破裂。

當這個人打開西瓜時，已無法再食用，因為它的中間不再是瓜瓤，而是層層纖維組織。

西瓜能在壓力下變得這麼堅硬，對於我們人來說，也能在寂寞中變得更加堅強。

我們都羨慕雄鷹能展翅高飛，但是在它學習飛翔的初期會有多少寂寞呢？一遍一遍地試飛，一遍一遍地落下，有時還會因掌握不好方向掛在樹上。但是正是有了這些寂寞的打擊，鷹的翅膀才能變得更硬，才能在天空中展翅高飛。

古今中外多少科學家都是因寂寞而變得堅強，最終才有了事業上的成功。他們在研究的過程中，不可能每次都有鮮花與掌聲，說不定還要忍受別人的冷嘲熱諷與無數次的失敗。他們之所以能成功，是因為他們在寂寞的打擊中變得堅強，只有堅強了，才能有進行下一次實驗的動力，也許下一次實驗就會成功。

只有經得起寂寞，品嘗過孤獨與寂寞的滋味，人才會變得更加堅強，不屈不撓地走向成功。

### 昇華寂寞

人們常以寂寞為痛苦，殊不知人需要孤獨和寂寞。寂寞讓人擁有一個完全屬於自己心靈的空間。因為寂寞，人更能認清自己；因為寂寞，人的靈魂將被細煎慢熬，如果耐得了寂寞，就會熬出堅似鋼鐵、強過天地的不敗之魂。

## 02 寂寞不是「杯具」

寂寞，就像一個人走在幽長狹窄的小巷裏，
黑暗、迷茫交織在一起，但是寂寞不是「杯具」，
寂寞總會有柳暗花明的一天，
關鍵在於我們能否一步一個腳印地走下去。

杯具，原指盛水的器具，後因與「悲劇」一詞諧音，成為
網路流行語，意思是說：不如意、不順心或者失敗。

有人說人生就像是一張茶几，上面擺滿了「杯具」。就是
說，人們都要面對悲傷、怨恨、疾病、絕望和死亡等人生的苦
難。那麼為什麼在這個世界上，有著不同的人生呢？有的人憂
思百結，總是悶悶不樂；而有的人卻笑口常開，歡歌笑語。在
我看來，這主要是由於不同的人有著不同的性情、不同的心靈
和不同的生活態度。就像我們每個人面對的寂寞，有的人認為
寂寞是人生的「杯具」，有的人則認為寂寞是「洗具」（喜
劇）。那麼寂寞到底是什麼？我們可以從下面的故事中做個分
析。

著名的勵志大師萊斯·布朗，是美國最受歡迎的演說家，
他的演講酬金高達每小時二萬美元。可是誰也沒有想到，布朗
卻曾是「智障兒」。

布朗一出生就遭父母遺棄，稍大又被列為「尚可接受教育

的智障兒童」，他像是一個被「瞎了眼的命運女神」無情捉弄的不幸者那樣，沒有夥伴，沒有親人，只有他自己。他有太多太多的理由自暴自棄，走向人生的「杯具」。

然而，他卻沒有讓這種「杯具」發生。他咬定青山，發憤圖強，並加入演講業，為每一個不幸者吶喊助陣。布朗深知自己選擇的是一條多麼難走的路，他說：「我沒有過人的資歷，沒有個人的魅力，也沒有經驗，因此只好一天到晚給人打電話。我每天打一百多通電話，請求別人給我機會到他們那裏去演講。」就這樣，日久天長，布朗的左耳硬是被話筒磨出了繭子。一切都如期而至：掌聲、鮮花、榮譽、金錢……布朗成了當今美國最受歡迎的勵志演說家。

從布朗的人生經歷中，我們可以看出，寂寞並不是「杯具」，寂寞甚至可以為人生道路鋪上鮮花，讓苦難和厄運變成「洗具」。

如果從布朗的故事中，你還不相信寂寞並不是「杯具」，那麼我們再看一個盲人的故事。

這個盲人叫埃里克，他十五歲時，就迷上了攀岩運動，他曾以五‧一〇分的攀岩成績，位居當時攀岩的第二名。

一九九九年，他遇見了攀登過珠穆朗瑪峰的地理學家帕斯克爾‧思克達羅。帕斯克爾問他：「嘿！夥計，想不想去登珠穆朗瑪峰？」於是這兩個志同道合的人一拍即合。

珠穆朗瑪的南主峰高八二二九公尺，靠西藏的一面有三千多公尺高的懸崖，靠尼泊爾的一面是兩千多公尺高的峭壁，這裏讓許多登山隊員無功而返。但是埃里克卻用自己的堅強，在

冰鎬的幫助下，一步一步地挪到了頂峰，成功邁入了世界上最優秀的登山運動員之列。

　　大家可以想想，如果你是盲人，你會不會感到像被囚禁在黑暗監牢裏一樣寂寞？你會不會將自己的心永遠冰封起來，與世隔絕呢？我想我會。可是埃里克不會，他的內心世界也許曾經寂寞，但是他在寂寞裏變得堅強、勇敢，戰勝了一切困難，征服了常人達不到的高度。難道你能說埃里克的人生是「杯具」？

　　在這裏，我有充分的理由證明寂寞並不是「杯具」。其實寂寞並不是真的閉關自守。對於被命運捉弄的不幸者來說，寂寞既是考驗，又是上帝打開的另一扇門。

　　對於在生活中受到挫折的人來說，寂寞只是一個停泊心靈的港灣。就像是一個拉著車子走路的人，走累了，需要停下來，回頭看看自己走過的路是否是自己想走的，回味一下曾讓自己感動和心動的人和事，總結一下哪些是成功的法則，哪些是需要改進的，哪些是需要摒棄的。

　　停下來補充能量，是為了更快地行走，沿著正確的方向行走。我認為一個成熟的人不能只拉車走，累了，應該停下來思考，想想有沒有走入歧途？採取什麼方法能讓自己拉的車子走得又對、又快？

　　所以寂寞並不是「杯具」，而是通過努力能獲得「洗具」的途徑。

 **昇華寂寞**

人生不如意之事十有八九，既有喜，也有悲。悲喜交加的時候，會產生我們所說的寂寞。善待寂寞，就能得到「洗具」；在寂寞裏沉淪，便只能走向人生的「杯具」。

## 03 寂寞築成的牆

*寂寞是一堵牆，可以將傷害擋到牆外。*

曾有朋友問我：「寂寞是什麼？」我說：「寂寞是一堵牆。」朋友說：「是啊，寂寞是一堵牆。是我在你面前，你卻看不見的那堵牆。」「錯了，是能隔斷紙醉金迷、仇恨慾望的那堵牆。」我糾正朋友的理解。當我們真正理解了寂寞的真諦的時候，我們會明白，寂寞是保護心靈不受痛苦侵蝕的那堵保護之牆。

有兩隻蟬的幼蟲，它們痛苦地弓著背顫動著，想要極力突破蟬殼。過了一會兒，一隻忍不住了，對仍在努力的另一隻說：「不行，這也太痛苦太寂寞了，我要去熱鬧的地方看看，然後再回來繼續。」說完，它便停止努力，向熱鬧的地方爬去了。

過了好久，一直在努力破殼的那隻蟬兒，終於突破了身上

的枷鎖，「知了……」一聲飛上了廣闊的天空。

另外一隻找熱鬧的蟬兒，努力地爬到了公園裏，這裏有蜜蜂、有花朵，可是也有好多玩樂的人。其中一個小孩看到了蟬兒，興奮地拿起蟬兒，還把蟬兒裂了口的蟬殼剝了下來。

這時，蟬兒才後悔了自己的行為。它因為耐不住一時的寂寞，失去了飛翔的能力。

每個人都像蟬兒一樣，曾經經歷過寂寞或者孤單。當一個人的時候，你會覺得世界如此冰冷、空虛，寂寞的感覺將會填滿你整個心房，可能你會覺得無法適應這種感覺。但是將自己置身於寂寞的氛圍裏，對自己也是一種保護。就像那隻忍耐寂寞最終破殼飛上天空的蟬兒一樣，寂寞可以保護它不被外界傷害，最終翱翔天空。

可是有些人卻不這麼想，他們極力地想盡一切辦法排斥寂寞，有個農夫就是如此。

古時候有個叫巴地的農夫，它的臉上長滿了像傷疤一樣難看的麻子。小的時候父母不喜歡他，將他遺棄。長大後，村民視他為洪水猛獸，沒有人願意理他。還有人將他做反面教材，如果誰家的孩子不聽話，大人就會說：「你再不聽話，就把你交給麻子巴地。」這招也確實很有效，每當這樣說的時候，孩子們馬上噤聲，停止一切動作，老老實實地低下了頭。

巴地感到非常寂寞，他一次一次地走到村民中，嘗試著與人交往。可是只要他走到村民當中，村民不是一哄而散，就是對他指指點點、挖苦諷刺。

巴地很痛苦，一次，他受了村民的氣後哭著跑回家。這時

來了一位智者。智者對他說：「你為什麼氣呼呼的呢？」巴地說：「村民們都嘲笑我。」智者又問：「你一個人在家的時候會不會生氣？」巴地說：「當然不會了。我一個人的時候，有好多事情需要做呢，我可以種田、餵豬、養狗……還很開心呢。」

寂寞不是我們的意志所能左右的，不是我們說不要就能不要的，也不是我們說排斥就能離開的。面對寂寞，我們最好的方法就是享受寂寞，從另一個角度看寂寞。寂寞不但可以使我們孤獨，還可以是堵牆，擋開世間的一切紛紛擾擾，使我們能夠靜下心來做我們想做的事情，就像巴地，可以種田、餵豬、養狗……很多事情都可以做，為什麼非得跑到人群中受村民的諷刺與挖苦呢？那樣只會讓自己受到傷害。

人生就是一齣戲，劇情跌宕起伏，挫折、寂寞、快樂交替上演。然而挫折、寂寞、快樂卻有演出次序，往往是先受到挫折，然後再忍受寂寞，最後通向快樂。這其中，挫折是打擊，寂寞像是一堵牆，為挫折提供一個避風的場所，然後在這個場所裏找到通往成功的路，最終走向人生的極樂。

司馬遷的人生就是如此。他繼承父志當太史令後，禍從天降，身陷囹圄。在監牢裏夠寂寞了吧，還得忍受宮刑，但司馬遷卻將之當成寫作的清靜地，矢志不渝，幽而發憤，經過十多年的艱苦奮鬥，終於寫成鴻篇巨著《史記》，受後世景仰。

所以說，我們不要把寂寞當成枷鎖，要把它當成一堵牆，在大風來襲時躲身的牆。這樣，我們的生活裏就會少了許多怨恨和不滿，多了許多開心與幸福。

升華寂寞

人生之中寂寞難免，我們能做到的就是不怕寂寞，享受寂寞。要想事業有成，要想時常快樂，就要善待寂寞。在寂寞裏學會堅強，面對困難、面對逆境時不屈不撓，百折不回。只有這樣，我們才能事業有成，才是真正的強者。

## 04 堅強的小草

如果說一個人的命運是那破舊的花架，
那麼因為人的堅強意志，它會變得繁花似錦、光彩奪目；
如果說一個人的命運是那漆黑的夜空，
那麼因為堅強意志，它會變得繁星閃爍、熠熠發光；
如果一個人的命運是那貧瘠的土地，
那麼因為堅強的意志，它會變得鬱鬱郁郁、油油翠綠。

——黑格爾

在田野上、在山腳下、在磚縫牆隙裏，都有小草的身影。哪怕經歷烈日炙烤，哪怕遭遇冰封雪埋，只要時機一到，它們便會毫不猶豫地昂起堅強的頭顱，迎風舞動。

人生何嘗不是這樣呢？

歌德曾說：「我這一生基本上只是辛苦地工作，沒有哪一天過的是真正舒服的生活。」加繆則將人生比作西緒弗斯所服

的苦役,推石上山,在即將達到山頂的時候,復又滾下,於是循環不息,單調枯燥。

也許人生經歷的風景真的是單調乏味的,也許人生來就要接受這樣那樣的磨難。人生無法左右命運,但卻可以自強、自勵,即使無法綻放七彩的花蕾,也要搖曳綠色的身軀。

李利出生在一個普通的工人之家,在同齡孩子都會跑的時候,她還不會走路,直到七、八歲,才勉強靠拄雙拐來回走動。看著別人都揹著書包上學了,李利對上學充滿了渴望。在她的強烈要求下,父母把她送到了離家很近的一所小學。

在學校裏,每天一下課,只有她一個人寂寞地坐在座位上,沒人和她玩,哪怕只是一點關心的話語也沒有。一次,她和父母一起搭電梯的時候,有兩個孩子也在電梯裏。當他們看到拄著雙拐的李利時,立即露出了厭惡的表情,還用刺耳的聲音對李利說:「你哪來的呀,就你這樣也能坐電梯?」殘疾人的內心異常脆弱和敏感,李利也不例外,因為同伴對她的孤立和話語的傷害,她將自己緊緊地封閉了起來,足足二十年,她再也沒走出過家門。

可是這二十年裏,她卻通過網路學習而創作了大量的文章,並開了一家網店,經營得有聲有色。源源不斷的稿費,再加上網店的收入,二十年後,她成了名副其實的富姐。

這時,她還在網上認識了一位和她一樣有殘疾的男子。兩個人惺惺相惜,相約一生,共同經歷風雨人生。

李利是堅強的,她雖然將自己封閉在寂寞的世界裏,但卻還有一顆堅強的心,像小草一樣,堅強地生長著。

人生的道路漫長而又曲折，我們無法預見前面的地形是坦途還是險峰。也許我們用盡全力，登上的卻是一面絕壁；也許我們志在必得，得到的卻是痛苦的失落和辛酸。在人生旅途中，這樣的挫折和磨難是不可避免的。

遍覽人生圖景，我們可以吸吮到許多有益營養：樂觀、頑強、自信、拼搏。這些營養好似甘露般，滋潤著我們的心靈，鼓舞著我們的鬥志，鞭策我們在美麗的夢想中風雨兼程。雖然我們會寂寞，雖然我們會孤獨，但是我們可以像小草一樣堅強。

在茫茫沙漠中生長著一種植物，它忍受著戈壁灘惡劣的氣候，把根深深地紮入黃沙之中，任熾熱的陽光炙烤，任肆虐的風沙吹打，它匍匐著身軀，一年一年開出豔麗的花朵！它就是被譽為「沙漠皇后」的樹種——紅柳。

紅柳的偉大在於它的堅韌，在極端惡劣的環境中，它以超出尋常的堅強，以及難以想像的付出，實現了生命的價值，不僅為了自己，也為荒涼的戈壁增添了生機。

還有傲然挺立於飛沙走石的沙漠中的胡楊，創造了「三百年不死，三百年不倒，三百年不朽」的奇蹟。

它們比任何生命都寂寞，但比任何生命都堅強。它們在堅強地與大自然搏鬥的過程中，保持了最真的自我，認清了自我價值的真正所在。

其實，每個人的心裏都有一片戈壁灘，而我們一生的事業，就是讓那裏開滿鮮花，堅強的意志，則是那片戈壁灘必不可少的養料。沒有必要因葉落而傷秋，也沒有必要因寂寞而放

棄抗爭。因為一花凋零荒蕪不了整個春天，一次寂寞也荒蕪不了整個人生。人生只有短短的幾十年，時光流逝歲月如梭。成功是我們夢寐以求的那朵紅玫瑰，而堅強的意志，則是成功路上孕育紅玫瑰的那片芳草地。

 昇華寂寞

　　人生，絕不是一條筆直的道路，而是一條曲折而漫長的征途——既有荒涼的大漠，也有深幽的峽谷，還有橫亙的高山。當我們哭著來到這個世界的時候，就已經做好了要經受痛苦、挫折、失敗、苦難的準備。不管怎樣，我們只要用一顆堅強的心去面對一切、戰勝一切，相信生活饋贈我們的永遠都是陽光雨露。

# *05* 寂寞讓人堅強成長

　　有哲人說過：人是因為寂寞而成長，因為成長而寂寞。

　　生活就像是一部戲劇，人生如戲，戲如人生。在生活這個無形的舞臺上，我們各自飾演著不同的角色，演繹著屬於自己的寂寞。對於弱者來說，寂寞讓他們止步不前；但對於強者來說，寂寞是推動理想之帆的動力，讓他們破浪前行，堅強成長。

　　從前有一個寂寞的人，他用悲觀的心天天抱怨自己的生

活。在他眼裏，事事都是那麼艱難，沒有人理解他，也沒有人願意為他解憂。他不知該如何應付生活，已經厭倦了奮鬥和孤獨，想要自暴自棄了。

一天，他遇到一位智者。智者在他面前架起了三口鍋，先往三口鍋裏倒入一些水，然後把它們放在旺火上燒。不久鍋裏的水燒開了。智者往一口鍋裏放些馬鈴薯，第二口鍋裏放入雞蛋，最後一口鍋裏放入咖啡粉，繼續放在旺火上燒。

悲觀的人很不理解，不耐煩地看著智者操作。大約半個小時後，智者將火熄了，把馬鈴薯和雞蛋撈出來放入碗裏，然後又把咖啡舀到一個杯子裏。做完這些後，智者讓悲觀的人靠近些，用手摸馬鈴薯和雞蛋，再端起咖啡嚐嚐。

智者問：「你感覺出三者的變化了嗎？」

悲觀的人想了想說：「馬鈴薯本來是硬的，但進入開水之後變軟了；雞蛋殼裏面本來是液體，經開水一煮變成了固體；而粉狀的咖啡則更獨特，本來水是無色無味的，卻因為它的加入，變得香濃。」

「不錯。寂寞的生活對我們來說就像這開水，每個人就是一種待煮的食物。當寂寞找到你時，是自暴自棄，還是變得堅強、或是改變生活，都取決於你想做一個什麼樣的人。那麼你想做一個什麼樣的人呢？是馬鈴薯，是雞蛋，還是咖啡粉？」智者問。

聽了智者的話，悲觀的人豁然開悟。他知道了智者的良苦用心，也領悟了寂寞對於人生的意義。從此，這位悲觀的人不再悲觀抱怨，而是微笑著面對生活。

　　成長的過程就是一個寂寞的旅程。從生活開始孕育的那一刻起，我們就在忍受著寂寞。嬰兒離開母體是寂寞的，但卻獲得了生命；從家庭走向學校是寂寞的，但卻打開了知識的大門；從學校走向社會是寂寞的，但卻奔向了實現理想的大道；成功路上的挫折和磨難是寂寞的，但卻讓我們更加堅強……

　　寂寞就像風一樣，無時無刻不在向我們招手。自古能與寂寞長相廝守的人很少，真正的孤獨者寥若晨星。因為孤獨本身是一件奢侈品，它要用太多的金錢、太多的名利、太多的感情、太多的時間與機遇去換取，而這一切都是太多的世人所嚮往的，因而這件奢侈品不是任何人都享受得起的。能受得起的人，便創造了永恆。因為寂寞能侵蝕掉心中的雜草，讓靈魂成長！

　　人生就是這樣，我們常常從寂寞走向快樂，再從快樂走向寂寞，寂寞和歡樂交替著，生命延續著……其實，只有經歷過一次次的寂寞，我們才能一次次地成長，最終變得成熟。

　　在成長的道路上，有的人拒絕了寂寞，因為他們在寂寞中發揮不出一點自己的力量；有的人選擇了寂寞，是因為他們在寂寞中找到了迷失的自我；有的人害怕寂寞，所以他們整天在打打鬧鬧中度過，但他們卻不知，他們在拒絕寂寞的同時，也拒絕了成功；而有的人則以積極的心態去面對寂寞，他們正在向成功的彼岸駛去。

　　寂寞是來自內心深處的呻吟，寂寞是伴隨成長的朋友，寂寞是成長中的知音，寂寞伴我們走過每一個春秋。

　　哲人說得好：「人因為寂寞而成長。」在成長的路上，我

們有什麼理由去拒絕寂寞呢？選擇寂寞也就選擇了成長。選擇寂寞吧，讓寂寞伴我們一起成長。

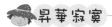 **昇華寂寞**

在寂寞中小憩，有如雲捲雲舒般的閒適；在寂寞中成長，聞到的是寂寞的芬芳；在寂寞中成長，品嘗的是寂寞的味道；在寂寞中成長，是心靜如水的感覺；在寂寞中成長，在面對困擾時有種釋然的快感。

## *06* 寂寞，讓人看清自己

世界上第一號的產品不是汽車，而是自己。
在你成功地把自己推銷給別人之前，
你必須看清自己，百分之百地把自己推銷給自己。

小草說：「我是寂寞的，沒有高大的身軀，沒有茂密的葉子，但我可以作為草叢中的一棵，為大地裝點一片綠。」

烏龜說：「我是寂寞的，沒有飛快的速度，沒有健美的身體，但我可以憑我的毅力，一步一個腳印地走向我的目標。」

小溪說：「我是寂寞的，沒有大海的恢弘，沒有湖泊的寧靜，但我可以匯入大海，作為大海的一部分，增加大海的磅礴。」

　　世間萬物都有自己的位置。在物慾橫流的今天，我們卻常常因為過多的喧嘩變得浮躁、盲目，看不清自己。對於每個人來說，想要看清自己並不是一件容易的事，最熟悉的人反而最陌生，很多看似神秘的人，只要帶著真心慢慢走進，就會發現一切是那麼簡單。可是面對自己，有著太多的私心，一些不願碰觸的，一些來不及展露的，都讓心變得迷茫起來。當局者迷，旁觀者清，或許就是最好的解釋。那麼如何才能看清自己呢？古往今來，往往是那些寂寞孤獨的人，最易看清自己。

　　人生就像爬山，無論身在何處，都要把自己放在山的最低處，看清自己。或許山下沒有絢麗的風景，沒有喧鬧的人群，但正因為如此，才能讓我們找到本心，看清自己的優點與缺點，最終到達光輝的頂點。

　　有一個年輕人，天生一張大嘴巴，從小到大，不論他到哪裡，都是被嘲笑、諷刺的對象，他為此苦惱了很長一段時間，甚至戴著口罩出門。

　　後來他想，既然上天給了他一張大嘴，必定有大嘴的優勢。從此他苦練口才，並在各種各樣的演講比賽中獲獎。

　　大學畢業後，他到一家企業應徵一份推銷員的工作。由於該企業是明星企業，待遇很高，所以當時有很多人來應徵，其中大多都是國立知名大學的畢業生。在這些應徵者中，那位大嘴且只有私立大學文憑的年輕人是比較遜色的。但他堅持著，依然決定留下來應試。

　　後來輪到他進辦公室面試的時候，辦公室裏的幾位主考官正在收拾考生資料，看見大嘴的他，考官們忍著笑，禮貌地告

訴他說已經找到合適的人選了，叫他另尋出路。

但他站著不走，希望考官能給他一次機會。他拿出了在學校時獲得的各種各樣演講比賽的獲獎證書給考官們看。他說自己雖然不是出自於國立知名大學，但他還有許多優點。至少他有一張大嘴，口才出眾，這應該是作為推銷員必備的基本要求。後來他說服考官們讓他進公司實習一個月，這個月他不要薪資，只證明自己的實力。

實習期間，他努力學習業務知識，並四處尋訪客戶，用良好的口才說服客戶與公司合作。就這樣，一個多月下來，他竟然打破了公司的推銷業績紀錄，被公司正式錄取。後來他更加努力，成了該公司的總經理助理。

一個人的時間、能力和可利用資源都非常有限，絕不可能將創業、學習、交際等都顧及到。有時候你可能為了成功，忽略了親情、友情，令自己寂寞不已；也可能為了自己的理想，被太多人孤立起來。你不必為此傷感，因為寂寞的時候你更能看清自己，找到自己的優勢，擁有別人無暇顧及的堅強和成功。

老園丁習慣把樹上一些能開花結果的枝條剪去，使樹木更快地成長，讓以後的果實結得更加飽滿。如果保留這些枝條，那麼將來水果的產量肯定要大大減少。一些有經驗的花匠，也習慣把許多快要綻開的花蕾剪去。剪去大部分花蕾後，可以使花木所有的養分都集中在其餘的少數花蕾上，而這些花蕾就可以成為那種精神飽滿的奇葩。

在這個充滿了競爭的社會裏，人也變得浮躁起來。在激烈

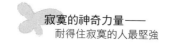

的市場競爭中，真能以一顆平常心處事的人，真的越來越少了。做人就要像做花匠一樣，在人生的旅程中放棄許多慾望，將分散精力的瑣事統統甩掉，讓自己儘量安靜下來，學會在寂寞裏找準發展的重點，集中力量去實現自己的目標。

　　一個人，不論你的資歷、能力和本領如何，在浩瀚的社會裏，無疑都是渺小的。要想平平安安地生活，就要在生活中保持低姿態，把自己看得清清楚楚、明明白白，不犯規、不越位，找尋自己的不足，做到自重、自警、自省、自立；認清自己的優點，做到奮力、努力、盡力。

### 昇華寂寞

　　有人曾說，想讓杯中換上新水，就要倒掉杯中的陳水；想要獲取一支玫瑰，就必須放棄手中的薔薇；想要獲得人生的快意，就得放棄那虛無的榮譽與快樂，守住屬於自己的寂寞。寂寞可以令人認清自我，用一顆平靜的心聆聽自我價值的呼喚，相信自我，肯定自我，用一顆不屈的心，擎起千斤重的理想。

# 07 先苦後甜的人生

人生規律多為先苦後甜。

雲南大理的白族人民，他們有一套獨特的待客之道，客人來時，他們將由白族最漂亮的姑娘獻上三道茶，第一道：苦茶；第二道：甜茶；第三道：回味茶。

三道茶中，蘊涵著無窮的哲理。人生在世，寂寞無處不在。「三道茶」就好比人生，「寂寞」猶如「苦茶」，飲過之後，「甜茶」就在後邊，之後，你才能回味無窮。

在生活中、在事業上、在人生的旅途中，要想獲得「甜」，有誰不是先嘗到「苦」？生活中的很多人，他們喜歡在舒適的環境裏忘情地享樂，到頭來非但體會不到快樂的真正含義，反而會在無邊的苦海中掙扎至終老。試想想，如果不經歷先苦後甜的過程，人生又哪來綿延不絕的「回味」可以去品嘗？

先苦後甜，就是人生的真諦。每個人的一生都不可能一帆風順，也不可能永遠霉運當頭，用「寂寞」沏成的「苦茶」，則可以讓人們變得更加堅強。

孫敬、蘇秦「懸樑刺股」的故事，曾經作為發奮讀書的典故流傳了二千年，堪稱耐得住寂寞的典範。

通曉古今的大學問家孫敬，被鄰里們稱為「閉戶先生」。

他通宵達旦地讀書，常常一直看到後半夜，時間長了，有時不免打起瞌睡來。一覺醒來，又懊悔不已。有一天，他抬頭苦思的時候，目光停在房樑上，頓時眼睛一亮。隨即找來一根繩子，繩子的一頭拴在房樑上，下邊這頭就跟自己的頭髮拴在一起。這樣，每當他累了睏了想打瞌睡時，只要頭一低，繩子就會猛地拉一下他的頭髮，一疼就會驚醒而趕走睡意。從這以後，他每天晚上讀書時，都用這種辦法。

年復一年地刻苦學習，使孫敬飽讀詩書，博學多才，在當時江淮以北頗有名氣，常有不遠千里的學子，負笈擔書來向他求學解疑、討論學問。

蘇秦是洛陽人。洛陽是當時周天子的都城。他很想有所作為，曾求見周天子，卻沒有引見之路，一氣之下，變賣了家產到別的國家找出路去了。但是他東奔西跑了好幾年，不但沒做成官，反而花光了所有錢。當他趿拉著草鞋、挑副破擔子，狼狽地回到家中時，父母狠狠地罵了他一頓；妻子坐在織機上織帛，連看也沒看他一眼；他求嫂子給他做飯吃，嫂子不理他扭身走開了。

蘇秦忍受了這一切孤單寂寞後，決心爭一口氣。從此以後他發憤讀書，鑽研兵法，天天讀書到深夜。有時候他又累又睏，就用錐子扎自己的大腿，刺得鮮血直流到腳上。後來，趙王封他為武安君，並授與相印。

古往今來，成大事者，不經歷寂寞洗禮的少之又少：昔日漢高祖，不過一介小吏，卻開創了漢朝四百年的基業；太史令身受宮刑，但其志不摧，一曲無韻離騷，足以讓後人歎絕千

古；東坡被貶黃州，大江東去，浪淘盡，千古風流人物誰人不知，誰人不曉？

所以寂寞並不可怕，可怕的是吃不了寂寞的苦。

人生要經過苦、甜、樂三個階段才算圓滿。苦，是人生的苦境。要學會忍受困難、貧苦、奮鬥帶來的寂寞之苦，才能樹立良好的堅實基礎和人生美好信念。甜，是奮鬥的回報。在經歷了漫長的人生錘煉、敲擊、磨礪、打擊之下，面對自己所付出的辛勤勞動，總有一個圓滿的回報。這時人生的甜味才真正開始到來。樂，是圓滿的人生。當經歷風霜後，人的心胸會變得廣闊，心情變得愉悅。所以只有飽嘗酸甜苦辣的寂寞人生，才算完整的人生。

人生在世，幾十載寒來暑往，難免會有挫折、委屈與寂寞、孤單。但是我們不能因此萎靡消沉。無論任何時候，我們都要堅強地面對生活，善待自己，善待他人。不能因為生活的傷痛就拒絕所有的人，不能因為一片烏雲就不再期待陽光燦爛。就讓自己的內心留點空位出來，在寂寞和委屈裏學會堅強和勇敢。完成了這一步，就克服了生活的苦澀。

希望朋友們從現在開始，從這一秒鐘開始，拋開心中的怨恨與畏縮，嘗盡人生的苦辣酸甜，向著圓滿的人生大步邁進！

### 昇華寂寞

人，總是要在經歷磨難後，才會懂得怎樣來對待自己的生活。就像盤苦瓜，吃第一口的時候苦，第二口、第三口就不會那麼苦了。吃多了，還會有絲絲的甜呢。對待生活也是如此，時時準備吃苦，才能真正識得苦的滋味。從而享受到甜美的人生。

# 08 你有多寂寞，就有多堅強

人世間，除了權力、金錢、聲望等等之外，
還有一個引領成功的因素。有了它，
一個人的潛能可以成倍成倍地施展出來，
它就是——寂寞！

害怕寂寞，就像生活在熱鬧舒適的房間裏，經歷不了風吹雨打的磨礪。只有那些在風雨中寂寞奔走的人，才知道寂寞和苦痛究竟意味著什麼。

一位一心向佛的年輕人遁入空門時，寺裏的住持讓他做個誰都不願做的行腳僧。

年輕人覺得每天寂寞地奔來跑去很委屈。於是按照住持的交代，堅持了兩年後，終於有一天，已日上三竿了，年輕人依舊大睡不起。

住持很奇怪，推開年輕人的房門，只見床邊堆了一大堆破破爛爛的瓦鞋。住持很奇怪，於是叫醒年輕人問：「你今天不外出化緣，堆這麼一大堆破瓦鞋幹嘛？」

年輕人揉了揉眼睛說：「別人一年都穿不破一雙瓦鞋，我剛剃度一年多，就穿爛了這麼多的鞋子。」

住持一聽就明白了，微微一笑說：「今天既然不用化緣，那你就陪我去山上走走吧。」

他們首先經過一片茂密的林地。住持問：「你覺得這裏的樹木長得怎麼樣？」「這裏的樹木太密了，看起來過於纖細，不夠健壯。」年輕人回答道。接著，兩人繼續向山頂走去。前往山頂的道路崎嶇不平、怪石林立、樹木稀少。爬到山頂時，只剩下一棵松樹孤零零地立在那裏。住持問：「你覺得這裏的樹長得怎麼樣？」「這裏雖然只有一棵樹，但這棵樹枝幹結實、葉子茂盛。」年輕人回答。

「那這兩個地方的樹誰更寂寞呢？」住持接著問。「當然是山頂的樹，就那麼一棵。」年輕人答道。

住持拍著年輕人的肩膀說：「那你願意做一棵什麼樣的樹呢？」年輕人回答說：「當然想做結實的樹了。」「那你還會因為寂寞和苦累而不做行腳僧嗎？」住持撚鬚一笑。

人生有時就像樹木一樣，只有耐得住寂寞，才能長得強壯，禁得住風霜雪雨。

雖然我們不是行腳僧，但是卻有著與行腳僧一樣的目的，那就是成功。在通往成功的道路上，免不了寂寞地奔來跑去，免不了受盡苦痛折磨。但是人有多寂寞，就有多堅強，寂寞越深，意志越頑強。

有句話說得好：自在不成人，成人不自在，不受苦中苦，難為成功人。如果耐不住寂寞，吃不了苦，怎麼能出人頭地呢？只有經受磨煉，才會成為人上人。

阿拉伯有一位著名的馴馬師，他馴出來的馬堪稱神馬。但是卻鮮少有人知道他的馴馬方法。

一天，一個人不遠千里地找到了馴馬師，請教馴馬的方

法。

　　馴馬師將此人領到了馴馬場，讓他好好地看。馴馬師首先指揮一群馬繞著圈子跑，這其中有雄健的大馬，也有很小的幼馬。馴馬師的助手，則在一邊呵斥著馬，一邊抓著馬鞍左右跳躍，看起來活像馬戲團的特技表演。

　　到了中午，沙漠的太陽正毒，馴馬師卻和他的助手騎馬向沙漠深處奔去。

　　到了下午，當他們返回時，每人手上都拿著一把彎刀，彷彿出征歸來的樣子。

　　看了一天，來人對於讓小馬跟在大馬後邊學習的方法很是贊同，但對於在中午時分把馬趕到沙漠很不理解，便問為什麼？

　　馴馬師說：「因為中午天氣最為炎熱，讓馬在一望無際、炙熱如焚的沙漠裏奔跑，這是一種磨煉，讓它們知道如果不跑的話，就永遠不會走出這片沙漠，只有經得起這樣的磨煉才能成為千里馬。那把彎刀，是為了用刀光刺激馬的眼睛，讓馬在這種刺激下能夠表現得鎮定自若。就像人們在寂寞裏變得堅強一樣，只有這樣，馬才能成為最好的戰馬。」

　　當今社會，有不少被埋沒的「千里馬」，也有許多不識「千里馬」的人。「千里馬」在被「伯樂」發現以前，總會經歷一番寂寞的等待。

　　假如在等待的過程中，忍受不了寂寞，沉溺於會朋友、談天、打牌、看電視消遣，那麼就失了「千里馬」的本性，永遠與「伯樂」無緣。如果能靠內心的力量戰勝寂寞，甘於寂寞，

抵抗住世俗中的種種誘惑，就能變得更加堅強，最終成為「伯樂」眼中的「千里馬」。

**昇華寂寞**

在現今競爭日益激烈的社會裏，一個人要成才，必須全心地投入到學習和追求中去。而人生如此短暫，時間和精力非常有限，如果不甘寂寞，沉溺於享樂與消遣，就沒有足夠的時間和精力去追求成功，只能成為庸人。所以寂寞與堅強成正比，寂寞與成功也成正比，你有多寂寞，就有多堅強，就有多成功。

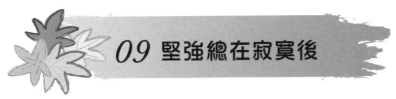

## 09 堅強總在寂寞後

人生最優秀的品質，
就是在經歷挫折和困難後變得更加堅強，
因此人們需要不時地忍受孤獨、寂寞和沉思。

大凡成功的人，我們只看到他的堅強。當你瞭解他時，你會發現他變得堅強的原因，是因為忍受了太多的寂寞。在人生的旅程中，並不是一帆風順的，更多的是默默無聞地行進和苦苦地奮鬥。

有句古話說：「十年窗下無人問，一舉成名天下知。」很多人羨慕成功者，關注他頭上的光環，但很少去瞭解他的過去

和奮鬥歷程。

大陸的金利來素以「男人的世界」聞名。如今這個「世界」的締造者曾憲梓卻告訴他的後輩，自己大學畢業後的第一份工作，是給別人的孩子換尿布！

試想，當你大學畢業後卻只找到一份換尿布的工作，你能不感到寂寞和痛苦嗎？但曾憲梓就是在這種寂寞中使自己強大，並取得了成功。

曾憲梓祖籍廣東省梅縣，幼年喪父，靠著獎學金就讀廣東中山大學。一九六八年，他帶著母親妻兒移居香港，起初做苦工、替別人帶孩子，什麼苦工作都做過。後來做起領帶生意，每天必須賣出六十條領帶，才能勉強維持一家六口人的生活。

「在困苦中所作出的努力和克服的困難，都是一筆財富，能比別人學到更多的東西，面對社會時會更具有信心。」曾憲梓說起這段往事時感慨道，「這就像電腦中預存的程式，到用的時候就能調出來。」在他看來，艱難困苦都是一種積澱，他正是憑著這些積澱，創造了人人羨慕的輝煌。

曾有一位學工商管理的大學生到曾憲梓那裏求職，開口月薪不得少於四千元。曾憲梓隨即提了幾個小企業中常見的管理問題，這位大學生才發現，一肚子理論和全球五百強的經典案例，還不足以解決實際問題。看來，要想取之，必先與之，這同「欲達目的，需先迂迴曲折」的道理一樣，能耐得住寂寞、忍得住淒涼、受得了清苦，必會造就堅強的性格，最終有所成。

在挫折面前，我們要有堅持不懈、永不言棄的精神。試

想，哪位成功者不是在這種精神的鼓舞下邁向成功的？居里夫人若不是有這種精神，又怎能提煉出鐳？達文西若不能一如既往地重複做簡單的事情，又怎能成為舉世聞名的畫家？這些事蹟告訴我們，堅強總在寂寞後，面對重重困難與挫折，我們唯有堅持、堅持、再堅持！堅持下去，就懂得了堅強，昇華的就是心靈。

堅強就是每天堅持一點點，做任何事情，不要輕易放棄，只要在挫折面前有不服輸的精神，失敗就不會成為定局！堅強的人有一個共性：不被暫時的困難嚇倒，不承認暫時的失敗，知難而進，而非知難而退。面對挫折，只要有這種精神，就不會失敗，只是暫時還沒有成功！

我們很多人都在苦苦追尋成功的真諦，但就是找不到。不，不是找不到，而是做不到。因為我們害怕孤獨、寂寞，因為我們不夠堅強。我們喜歡手裏拿著成功的「聖經」，腳卻停留在原地——試想，這樣我們能成功嗎？

「最能忍受寂寞的人才是最堅強的人。」平常總是感慨別人的堅強，羨慕堅強的人獲得的成功，總希望自己也能成功，總是尋找獲得成功的捷徑。可是這些喳喳呼呼的人往往都不能獲得成功，因為他們不能忍受寂寞，養不成堅強的性格。試問，哪個成功者光環的背後，不是隱藏著不為人所知的辛酸和淚水？當他們處在低谷的時候，他們接受了寂寞，忍受了寂寞，淡化了寂寞，正因為這樣，他們才最有資格成功，如果這樣的人都不能獲得成功，那又有誰能獲得呢？

生活中充滿了坎坷和曲折，既然走在這條路上，既然希望

自己成功，那麼就必須學會忍受寂寞。無論是什麼樣的寂寞，無論是多麼難熬的寂寞，無論面臨著怎樣的壓力，都要告誡自己去忍耐。唯有如此，才會堅強地走向成功。

堅強總在寂寞後，成功來自堅強。去經歷些寂寞，未必是壞事，從今天起，我將用這句話來督促自己：讓自己學會面對一切不快樂，忘記一切不開心，無論以前發生過什麼，以後將發生什麼，我都會快樂地去體會，我相信自己能忍受寂寞，我堅信自己會成功！

### 昇華寂寞

寂寞的人細數著生命中的風流，寂寞的人堅守著靈魂中的光芒。寂寞是精神領域最為素雅的一筆，當你醉心於事業的追求中時，堅強便如幽谷中的花朵一樣，盛開在你的胸懷，引導你一步步走向成功的頂峰。

## 10 「屢戰屢敗」與「屢敗屢戰」

*人生之光榮，不在永不失敗，而在能屢敗屢戰。*

*——拿破崙*

在歷史上有一個很有名的故事，說的是一個在外與敵國作戰的將軍，由於種種原因總是吃敗仗。在又一次被敵人打敗之

後，他急奏皇帝，一方面報告情況，一方面尋求對策，要求援兵。他在奏摺上有一句話是：「臣屢戰屢敗，……」他的上司看到這個奏摺，覺得不妥，於是拿起筆來，將奏摺上的這句話改為「臣屢敗屢戰，……」原字未動，僅僅是順序的改變，頓時，將原本敗軍之將的狼狽，變為英雄的百折不撓。

「屢戰屢敗」會傳達給人失敗和痛苦的感覺，而「屢敗屢戰」則帶給人希望。

每個人的一生中，總會遇到這樣那樣的困難、挑戰、挫折，除了自身原因外，還有來自社會各方面的原因、機遇，使你的努力並不能得到應有的回報。屢戰屢敗的事，在我們每個人身上時常發生，每一次失敗都令我們備受打擊，飽飲寂寞。為此，有的人選擇屢敗屢戰，有的人則選擇一蹶不振。選擇屢敗屢戰的人，一次比一次堅強，早晚都會成功；一蹶不振的人，則成了愚人、懦夫，最終一事無成。

提到林肯，幾乎人人都知道他曾是美國總統。但是鮮有人關注過他的無數次失敗。

一八三二年，林肯失業了，這顯然使他很傷心，但他下定決心要當政治家，當州議員。糟糕的是他競選失敗了。在一年裏遭受兩次打擊，這對他來說無疑是痛苦的。

接著，林肯著手自己開辦企業，可一年不到，這家企業又倒閉了。在以後的十七年間，他不得不為償還企業倒閉時所欠的債務而到處奔波，歷經磨難。

隨後，林肯再一次決定參加競選州議員，這次他成功了。他內心萌發了一絲希望，認為自己的生活有了轉機：「可能我

可以成功了！」一八三五年，他訂婚了。但離結婚的日子還差幾個月的時候，未婚妻不幸去世。這對他精神上的打擊實在太大了，他心力交瘁，數月臥床不起。一八三六年，他得了精神衰弱症。

一八三八年，林肯覺得身體良好，於是決定競選州議會議長，可是他失敗了。一八四三年，他又參加競選美國國會議員，但這次仍然沒有成功。

林肯沒有放棄，一八四六年，他又一次參加競選國會議員，最後終於當選了。

兩年任期很快過去了，他決定爭取連任。他認為自己作為國會議員表現是出色的，相信選民會繼續支持他。但結果很遺憾，他落選了。

因為這次競選他賠了一大筆錢，林肯申請當本州的土地官員。但州政府把他的申請退了回來，上面指出：「做本州的土地官員，要求有卓越的才能和超常的智力，你的申請未能滿足這些要求。」

然而林肯沒有服輸。一八五四年，他競選參議員，又失敗了；兩年後他競選美國副總統提名，結果被對手擊敗；又過了兩年，他再一次競選參議員，還是失敗了。

這一次次的失敗，始終沒有讓林肯放棄自己的追求，他一直在做自己生活的主宰。一八六〇年，他當選為美國總統。

企業倒閉、愛人去世、競選敗北……假如你在一次次的嘗試中，每次都以失敗告終，你會有什麼體會？是放棄，還是堅持？放棄就意味著放棄了自己，堅持就意味著堅強面對。但是

堅強面對的時候，總要付出許多辛勤和汗水，忍受孤獨和寂寞，這也是常人忍受不了的。林肯做到了，所以他成了美國總統。

　　無論是誰，都曾經經歷過失敗，或許現在的你正在失敗中掙扎著。而我們怎麼去面對失敗，這是最關鍵的。一個屢戰屢敗的戰鬥者，並不代表他就是失敗者，因為他那種想要取勝的鬥志還在，這種鬥志是「勝利」最為懼怕的精神。

　　凡能成就大事者，莫不先嘗失敗。失敗並不可怕，可怕的是遇到失敗後走不出失敗的陰影。想要走山失敗的陰影，必先耐得住寂寞。因為只在有寂寞裏，我們才能看清陰影中的光明。歷史經驗證明，越能成就大事的人，失敗的經歷越多，忍受的寂寞越久。能成大事者善於在寂寞的時候，從失敗中總結教訓，在今後的人生道路上不犯相同的錯誤，甚至找到規避失敗的辦法，最終就會「無往不勝」。

　　因此只要你有堅如磐石的信念、屢敗屢戰的意志、享受寂寞的精神，即使失敗了，人們也會為你的意志、你的精神、你的信念而肅然起敬！

### 昇華寂寞

　　失敗的背後意味著寂寞。有句話說得好：「不在沉默中爆發，便在沉默中滅亡。」寂寞不但能令我們更加強大，也能使人的鬥志滅亡，是爆發或滅亡都取決於我們自己。如果能耐得住寂寞，便能更加強大，最終爆發出無盡的力量；如果耐不住寂寞，那最終的結果只有一個：「滅亡。」

國家圖書館出版品預行編目資料

耐得住寂寞的人最堅強／李沐編著. -- 修訂一版. -- 臺北市：菁
品文化事業有限公司, 2021. 03
面；　公分. --（通識系列；91）

ISBN 978-986-06029-1-3（平裝）

1. 修身　2. 生活指導　3. 寂寞

192.1　　　　　　　　　　　　　　　　　109021695

通識系列 091
## 耐得住寂寞的人最堅強

| | |
|---|---|
| 編　　　著 | 李沐 |
| 執 行 企 劃 | 華冠文化 |
| 設 計 編 排 | 菩薩蠻電腦科技有限公司 |
| 印　　　刷 | 博客斯彩藝有限公司 |
| 出 版 者 | 菁品文化事業有限公司 |

地址／11490 台北市內湖區民權東路6段180巷6號11樓之7
電話／02-22235029　傳真／02-87911367

郵 政 劃 撥　19957041　戶名：菁品文化事業有限公司

總 經 銷　創智文化有限公司
地址／23674新北市土城區忠承路89號6樓（永寧科技園區）
電話／02-22683489　傳真／02-22696560

版　　　次　2021年3月初版
定　　　價　新台幣280元　（缺頁或破損的書，請寄回更換）

I S B N　978-986-06029-1-3

菁品出版・出版精品

菁品出版・出版精品

菁品出版・出版精品

菁品出版・出版精品